Gerhard Wegner

Nationalstaatliche Institutionen im Wettbewerb

Erfurter Beiträge zu den Staatswissenschaften

UNIVERSITÄT ERFURT

Herausgegeben
von
Frank Ettrich, Arno Scherzberg,
Gerhard Wegner

Heft 2

RECHT

De Gruyter Recht · Berlin

Nationalstaatliche Institutionen im Wettbewerb

Wie funktionsfähig ist der Systemwettbewerb?

Von

Gerhard Wegner

W DE G
RECHT

De Gruyter Recht · Berlin

Prof. Dr. *Gerhard Wegner*,
Universitätsprofessor an der Staatswissenschaftlichen Fakultät
der Universität Erfurt

Gedruckt auf säurefreiem Papier,
das die US-ANSI-Norm über Haltbarkeit erfüllt.

ISBN 3-89949-146-7

Bibliografische Information Der Deutschen Bibliothek

Die Deutsche Bibliothek verzeichnet diese Publikation in der Deutschen Nationalbibliografie; detaillierte bibliografische Daten sind im Internet über http://dnb.ddb.de abrufbar.

Printed in Germany

Konvertierung/Satz: WERKSATZ Schmidt & Schulz GmbH, Gräfenhainichen
Umschlaggestaltung: Christopher Schneider, Berlin
Druck: Druckerei Gerike GmbH, Berlin
Binderarbeiten: Industriebuchbinderei Fuhrmann GmbH & Co. KG, Berlin

Nationalstaatliche Institutionen im Wettbewerb – Wie funktionsfähig ist der Systemwettbewerb?

I. Systemwettbewerb als neues Thema für die Ordnungspolitik

Seit Beginn der Debatte um den Systemwettbewerb wird wiederholt die Frage aufgeworfen, ob der Wettbewerb von Nationalstaaten um mobile Ressourcen generell wünschenswert sei oder eine ordnungspolitisch bedenkliche Fehlentwicklung darstelle.[1] Unbehagen löst vor allem der Autonomieverlust der Nationalstaaten aus, wenn staatliche Regelsetzung einer ökonomischen Kontrolle ausgesetzt wird und zum Wettbewerbsparameter mutiert. Ungeachtet dieser Grundsatzfrage hat sich der Systemwettbewerb mehr und mehr als Faktizität herausgebildet und infolge vielfältiger Globalisierungsformen der Märkte einen offensichtlich irreversiblen Charakter angenommen. Vor diesem empirischen Hintergrund scheinen normative Grundsatzfragen über die generelle Wünschbarkeit des institutionellen Wettbewerbs lediglich Illusionen über ordnungspolitische Wahloptionen zu erzeugen und sollen im nachfolgenden ausgeklammert bleiben. Unsere Überlegungen gelten vielmehr Gestaltungsfragen des Systemwettbewerbs, und zwar der neuerdings verstärkt diskutierten Frage, ob und auf welchen Feldern der Systemwettbewerb *suprastaatlicher* Regeln bedarf, welche die wettbewerblichen Prozesse in wünschenswerter Weise kanalisieren. Solche (Meta-)Regeln begrenzen das Handeln von Regierungen im Systemwettbewerb, um einem ruinösen Wettbewerb vorzubeugen, wie er von nicht wenigen Ökonomen befürchtet wird. In diesem Kontext stellen sich vielfältige Vorfragen nach den möglichen Defekten eines ungeregelten Systemwettbewerbs.

Diese Denkungsart folgt der wettbewerbspolitischen Auffassung Walter Euckens und der Freiburger Schule, welche wettbewerbliche Fehlentwicklungen nicht dem Wettbewerb als solchem zuschreibt, sondern vielmehr einem defizitären institutionellen Rahmen. Dies lenkt die Perspektive von vornherein auf die Funktionalität von Regeln, welche in angemessener Weise auszuwählen und fortzuschreiben sind. Das wirtschaftspolitische Entscheidungsproblem stellt sich aus dieser Perspektive quasi zweistufig: zuerst wird gefragt, ob wettbewerbliche Fehlentwicklungen aufgezeigt werden können und ob sie durch eine Änderung bestehen-

[1] Vgl. etwa Sinn (2003; 1997).

der oder Einführung neuer Regeln korrigiert werden können; erst wenn eine solche Möglichkeit nicht in Sicht ist, wird *danach* die Aussetzung des Systemwettbewerbs in Erwägung gezogen – quasi in Form eines wettbewerblichen Ausnahmebereiches. Demgegenüber verdrängt die bisherige Diskussion häufig die Erkenntnis, dass wettbewerbliche Prozesse regelabhängig verlaufen, und stellt sogleich die generelle Frage nach dem Für und Wider des Systemwettbewerbs. Jedoch vermeiden auch Autoren, welche die Euckensche Denkungsart in besonderer Weise pflegen, konkrete Analysen von systemwettbewerblichen Fehlentwicklungen (Streit, 1994 u. 1996). Zwar wird generell betont, dass der Systemwettbewerb als Entdeckungsverfahren geeigneter Regeln bedarf, damit sich seine potentiell wohlfahrtssteigernde Wirkung entfalten kann und negative Wirkungen begrenzt bleiben. Jedoch blieben Aussagen dieser Art bislang noch abstrakt und betonten lediglich die generelle wettbewerbspolitische Position aus Freiburg zu diesem Thema (Gerken, 1995).[2]

Der praktische Problembezug der Diskussion um den Systemwettbewerb ist evident und braucht hier nur kurz annotiert zu werden. Im europäischen Kontext ergab er sich zunächst aus dem fehlenden Einigungskonzept und dem gegenwärtig noch immer offenen finalen Ziel der europäischen Integration. Die beschleunigten Integrationsschritte seit Erweiterung des EG-Vertrages durch die Einheitliche Europäische Akte und den Vetrag von Maastricht lassen die Frage nach Endpunkt des europäischen Einigungswerks jedoch inzwischen dringlicher in den Vordergrund treten. Auch die Bemühungen um eine kodifizierte Europäische Verfassung ändern hieran nichts. Wie Streit/Mussler (1996) in ihrer Studie zur Geschichte der europäischen Integration nachzeichnen, stand (und steht) die Europäische Union implizit vor der Wahl, entweder eine Strategie des Systemwettbewerbs innerhalb Europas einzuschlagen („Integration durch Wettbewerb" resp. „negative Integration" im Sinne Tinbergens), oder aber diesen institutionellen Wettbewerb auszuschalten und sich für eine „positive Integration" im Sinne einer Harmonisierungsoption zu entscheiden. Streit/Mussler (1996) zeigen, dass der Europäische Gerichtshof im Rahmen des folgenreichen „Cassis de Dijon"-Urteils quasi implizit die Option für einen Systemwettbewerb innerhalb der Europäischen Union eröffnet hat, d.h. den Systemwettbewerb als zulässige Rechtsauslegung des EG-Vertrages beurteilt.[3] Die europäische Wirtschaftspolitik steht unter dieser

---

[2] Erste Schritte finden sich bei Kerber (1999a; 1999b); vgl. auch Wohlgemuth (1995 und 1999).

[3] Dieses Urteil interpretiert den Artikel 28 EG-Vertrag dahingehend, dass Importländer die Regulierungen eines Mitgliedstaates grundsätzlich anerkennen

verfassungsrechtlichen Vorgabe vor der Entscheidung, ob die Integrationsvariante des Systemwettbewerb tatsächlich beschritten werden soll oder besser eine Strategie der „positiven Integration" auf dem Wege der Harmonisierung bzw. Rechtsangleichung wettbewerbsrelevanter Institutionen zu präferieren ist.

Unabhängig von diesem ordnungspolitischen Entscheidungsproblem in Europa ist aber auch auf globaler Ebene im Rahmen der GATT-Nachfolgerin WTO die Frage nach einem verbindlichen ordnungspolitischen Regelwerk für den internationalen Wettbewerb verstärkt diskutiert worden. So stellt sich für die WTO immer wieder die Frage, ob Regulierungsunterschiede zwischen den Nationalstaaten mit einer wettbewerblichen Weltwirtschaftsordnung vereinbar sind oder aber eine Wettbewerbsverzerrung verursachen. Für die ökonomische Theorie bleibt zu beantworten, wieviel Problemlösungskapazität dem Systemwettbewerb zugeschrieben werden kann, um ein Anforderungsprofil für Metaregeln des Systemwettbewerbs entwerfen zu können. Zwar weist die Diskussion um die WTO gegenwärtig noch visionäre Züge auf, da auf internationaler Ebene keine durchsetzungsfähige Regelungsinstanz erkennbar ist, die mit den europäischen Institutionen in Ansätzen vergleichbar wäre. Jedoch scheint die europäische Integration selbst dann ein international bedeutsamer Testfall für eine internationale Ordnungspolitik zu sein, wenn eine vergleichbare Integrationstiefe in dieser Form nicht noch einmal auf dem Globus realisiert werden könnte.

Vor diesem wirtschaftspolitischen Hintergrund verstärkte sich das theoretische Interesse an der Funktionsweise des Systemwettbewerbs. In der Diskussion bildete sich zuletzt – sowohl auf Seiten der Befürworter, wie auf Seiten der Kritiker des Systemwettbewerbs – eine differenziertere Betrachtungsweise heraus. Die Notwendigkeit regulierender Metaregeln wird inzwischen auch von Befürwortern des Systemwettbewerbs zumindest abstrakt anerkannt; umgekehrt haben die Kritiker, welche Wohlfahrtsverluste durch Systemwettbewerb zumeist mit neoklassischen

müssen, d.h. innerhalb der Europäischen Union das Ursprungslandprinzip gilt. Für mögliche Außerkraftsetzungen dieses Prinzips definiert Artikel 30 EGV enge Grenzen, insbesondere darf keine Handelsbeschränkung unter dem Vorwand des Schutzes der Inländer (z.B. vor gesundheitlichen Gefahren durch Importe) vorgenommen werden. Im Zusammenhang mit weiteren wichtigen Rechtsentscheidungen durch den EuGH handelt es sich bei dem Beschränkungsverbot nunmehr um ein Recht, welches die Bürger der Union gegenüber nationalen Regierungen einklagen dürfen, ohne dass die betreffende Regierung eines Landes bei der Europäischen Kommission vorstellig werden muss.

Marktversagensargumenten begründen, vor der letzten Konsequenz gezögert, mit der sich der Systemwettbewerb theoretisch ausschalten ließe: der Forderung nach einem Suprastaat, der die wirtschaftspolitischen Lenkungsaufgaben der Nationalstaaten vollständig übernimmt und dessen wirtschaftspolitische Lenkungskompetenz nicht mehr aufgrund eines – nunmehr suspendierten – Systemwettbewerbs erodieren kann.

In der bisherigen theoretischen Diskussion zum Systemwettbewerb sind bereits dessen konstitutive Teilprozesse betrachtet worden, welche den ökonomischen und den politischen Wettbewerb miteinander verknüpfen (Wohlgemuth, 1999; Streit, 1995; Sinn, S., 1992). Als Charakteristikum ist hierbei der Anpassungsdruck herausgearbeitet worden, welchem die nationalen Regierungen infolge einer Abwanderung heimischer Anbieter in andere Regulierungsregime ausgesetzt werden. Besondere theoretische Aufmerksamkeit verdienen vor allem zwei Fragen, die auch im nachfolgenden eingehender behandelt werden. Zum einen ist zu fragen, in welcher Form Institutionen die Wettbewerbsintensität beeinflussen, also fördern oder hemmen. Diese Frage ist bislang – auch aus Sicht eines North'schen Ansatzes – noch nicht bündig beantwortet worden, wobei sich die besondere Schwierigkeit stellt, dass Institutionen in komplexer und auch gegenläufiger Weise auf dynamische Wettbewerbsprozesse einwirken. Zum anderen bleibt zu untersuchen, wie sich ein solcher Einfluss unter den Bedingungen einer Regulierungsvielfalt gestaltet, welche den Systemwettbewerb erst in Gang setzt. Insbesondere bleibt zu klären, ob sich die wettbewerbsintensivierenden oder aber die wettbewerbshemmenden Einflusselemente von Institutionen im Systemwettbewerb verstärken. Ein solchermaßen differenziertes Bild über die Wirkung von Institutionen auf Wettbewerbsprozesse zu gewinnen, dürfte zu den wesentlichen theoretischen Herausforderungen zählen; im nachfolgenden soll hierzu ein Beitrag geleistet werden.

Von mindestens gleichrangiger Bedeutung dürfte jedoch auch das normative Problem von angemessenen Bewertungen für wettbewerbliche Prozesse sein, sei es in Bezug auf Gütermärkte, sei es in Bezug auf den institutionellen Wettbewerb. Da eine operationalisierbare und zugleich unumstrittene Wettbewerbsnorm gegenwärtig nicht aus der Wettbewerbstheorie abrufbar ist, ermangelt es auch an einem Referenzkonzept für die Beurteilung des Systemwettbewerbs. So lassen sich aus ordnungstheoretischer Sicht Einwände gegen ein unflexibles Marktversagenskonzept vortragen, das etwa auch Sinn (1997) gegen den Systemwettbewerb zu wenden versucht hat. Die ordnungstheoretische Position bezieht ihren kritischen Impetus aus der Hayekschen Erkenntnis, dass evolutorische Prozesse nicht an endzustandsbezogenen Bewertungskriterien gemessen werden dürfen (Hayek, 1969).[4] Allokationseffizienz als statisch interpretierte Norm wäre als ein solches Kriterium anzusehen, welches für evolutorische Prozesse prinzipiell als unangemessen anzusehen ist.[5] Jedoch sollte dieses im Grundsatz zutreffende Argument nicht dahingehend überzogen werden, dass *jegliche* Bewertungen evolutorischer Prozesse verworfen werden sollten. Ein ordnungstheoretischer Ansatz verspielt schnell seinen Kredit, wenn allein aus der Faktizität wettbewerblicher Prozesse auf positive Wohlfahrtseffekte geschlossen wird, weil sich im Wettbewerb nur die vermeintlich „effizienten Anbieter" behaupten würden. Dieser evolutorische Marktpositivismus ist vor allem von der Chicago School of Anti Trust vertreten worden, wobei sich diese Position besonderen methodischen Einwänden ausgesetzt sah. Als suspekt gilt vor allem die Tendenz, Ist-Zustände von Märkten als wünschenswert auszuzeichnen und die ins Spiel gebrachten Normen weitgehend unbestimmt zu lassen.[6] Man muss schon a priori festlegen, woran wettbewerbliche Selektionsprozesse zu messen sind, damit ein Soll-Ist-Vergleich überhaupt vorgenommen werden kann – andernfalls verfällt diese Vorgehensweise der allfälligen Positivismuskritik. Eine Hayeksche wettbewerbstheoretische Position, wie sie auch hier vertreten wird (vgl. u. a. auch Streit; 1994; Wohlgemuth; 1995; Vanberg; 1997; Kerber 1998; Kiwit/Voigt, 1998; Gerken, 1995), kritisiert zwar zu Recht die Unangemessenheit von stationären Bewertungsmaßstäben für wettbewerbliche Prozesse. Jedoch wäre die Zurückweisung *jeglicher* Normen für wettbewerbliche Prozesse wenig akzeptabel, da hierfür ein hoher theoretischer Preis bezahlt würde: ohne *irgend ein* normatives Referenzkonzept könnte die Frage nach geeigneten „Regeln für den Systemwettbewerb" nicht mehr sinnvoll gestellt und schon gar nicht beantwortet werden![7]

---

[4] Sinn vertritt eine durchaus differenzierte und interessante Position; ich nehme sie hier vor allem zum Anlass, den speziellen Fokus eines ordnungstheoretischen Ansatzes gegenüber einer Gleichgewichtstheorie deutlicher herauszuarbeiten.

[5] Diese Kritik bleibt jedoch näher zu qualifizieren, da in speziellen Fällen – die allerdings näher zu beschreiben sind – auch eine statische Effizienznorm sinnvoll sein kann.

[6] Auch Streit/Mussler (1996) setzen sich mit ihrer Aussage, im Systemwettbewerb würden sich Institutionen mit bestem Problemlösungspotential durchsetzen, der Nachfrage aus, *wie* die Probleme beschaffen sind, welche durch den Systemwettbewerb gelöst werden. In diesem Text wird darauf eine nähere Antwort gegeben werden.

[7] So ist es unzulässig, unter Berufung auf Hayek jegliche Bewertungsmaßstäbe wohlfahrtsökonomischer Art für evolutorische Prozesse zurückzuweisen,

Als normative Bewertungsgrundlage für systemwettbewerbliche Prozesse schlage ich deshalb ein reformuliertes Konzept des funktionsfähigen Wettbewerbs vor, welches für hinreichend tragfähig befunden werden wird, die bislang offene Frage nach geeigneten normativen Forderungen für evolutorische Prozesse zumindest vorläufig zu beantworten; das Konzept des „funktionsfähigen Wettbewerbs" wird dabei in einer Weise reformuliert, dass es bislang vorgetragenen Einwänden aus ordnungstheoretischer Sicht standhält.[8] Solche Einwände machten vor allem geltend, dass wettbewerbliche Prozesse aufgrund ihres innovatorischen Momentes wissensgenerierend sind und externe Bewertungen nicht auf der Basis eines Informationsstandes vorgenommen werden dürfen, der durch den Wettbewerbsprozess seinerseits überholt wird. Je klarer unsere Vorstellungen nämlich darüber werden, welche Resultate wir vom Wettbewerb erwarten, desto eher wird Wettbewerb überflüssig – auf diesen Nenner lässt sich die Hayeksche Position in aller Kürze bringen.

Ich wähle im weiteren folgende Vorgehensweise: Da in der theoretischen Diskussion keine Einigkeit darüber besteht, welche Institutionen dem Systemwettbewerb ausgesetzt werden sollten, erarbeite ich hierfür ein Kriterium. Ich schlage vor, staatlich gesetzte Institutionen danach zu unterscheiden, ob sich der damit verbundene Zweck innerhalb oder außerhalb von Vertragsbeziehungen realisiert, welche durch die Institution reguliert werden. Daraus ergibt sich ein erster allokationstheoretischer Hinweis darauf, welche Institutionen als geeignet für den System-

---

andererseits aber auf die positiven Wohlfahrtseffekte des Wettbewerbs als Entdeckungsverfahrens zu verweisen; vgl. in diesem Zusammenhang die zu apodiktisch ausgerichtete Argumentation im Sondergutachten der Monopolkommission gemäß § 24b Abs. 5 Satz 4 GWB (1998); die dort vielfach nur behaupteten Wohlfahrtswirkungen des Wettbewerbs dürften neoklassische Skeptiker des Systemwettbewerbs wie etwa Sinn kaum überzeugt haben. Für eine kritische Aufarbeitung der Hayekschen Position vgl. etwa Wegner (1991); Pelikans (2003) Konzept der adaptiven Effizienz, welches auch North (1990) verwendet, stellt einen Versuch dar, der Hayekschen Tendenz eines evolutorischen Marktpositivismus mit einem normativ gehaltvolleren Wohlfahrtskonzept entgegenzuwirken.

[8] Vgl. etwa hierzu die auch von mir geteilten Einwände von Hoppmann gegen Kantzenbach und das Konzept des funktionsfähigen Wettbewerbs (Hoppmann, 1975). Diese Einwände machten vor allem geltend, dass wettbewerbliche Prozesse wissensgenerierend sind und sich die Frage stellt, von welchem Informationsstand aus eine Bewertung erfolgen soll. Eine Vorgabe eng definierter Marktergebnisnormen, wie sie Kantzenbach intendierte, verkennt die Entwicklungsfunktion des Wettbewerbs und läuft in ihrer wirtschaftspolitischen Umsetzung auf eine entwicklungsbeschränkende Instrumentalisierung wettbewerblicher Prozesse hinaus.

wettbewerb erscheinen (Abschnitt II), und zwar wird dies am ehesten für Produktregulierungen (etwa in Bezug auf Qualität und Sicherheit) gelten. Auf letztere wird im weiteren der Schwerpunkt der Ausführungen gesetzt, jedoch sind die Ergebnisse auch für die zuvor ausgesonderten Institutionen zum Teil von Interesse, worauf gelegentlich verwiesen wird. Aus einer allokationstheoretischen Vorklärung ist jedoch noch nicht abzuleiten, dass Institutionen auch bei grundsätzlicher Eignung tatsächlich dem Systemwettbewerb ausgesetzt werden sollten, da hierzu erst die voraussichtliche Funktionsfähigkeit des Wettbewerbs geprüft werden muss. Dieser Prüfung widmet sich Abschnitt III. Dort werde ich den Begriff der Funktionsfähigkeit neu einführen, so dass er gegen Einwände gesichert ist, wie sie zurecht gegen die Harvard-Schule in diesem Zusammenhang vorgetragen worden sind. Zuvor aber erweist es sich als notwendig, generell die Einflussfaktoren von staatlich gesetzten (d. h. äußeren) Institutionen in Bezug auf die Intensität und die Selektionswirkung des Wettbewerbs auf Gütermärkten zu beschreiben. Diese Beschreibung kann unter der Annahme eines einheitlichen Regelsatzes (d. h. im Rahmen einer nationalstaatlichen Perspektive) erfolgen. Daran anschließend wird geprüft, in welcher Weise eine Vielfalt von Regulierungen aufgrund eines in Gang gekommenen Systemwettbewerbs etwas an den Ergebnissen ändert.[9] Ich zeige, dass die Selektionswirkung des Wettbewerbs auf Gütermärkten einerseits und die des institutionellen Wettbewerbs andererseits getrennt voneinander zu behandeln sind und entwickle die These, dass beide Selektionswirkungen generell in einer Trade-off-Beziehung zueinander stehen, sofern keine wirtschaftspolitischen Gegenmaßnahmen ergriffen werden. Hier wird der neuralgische Punkt des Systemwettbewerbs markiert. Ich diskutiere wirtschaftspolitische Vorschläge, mit welchem diese Trade-off-Beziehung abgemildert oder sogar vollständig aufgehoben werden könnte, womit sich eine Lösung für die „Freiburger Frage" nach adäquaten Regeln für den Systemwettbewerb anböte. Die Vorschläge scheiden jedoch teils aus systematischen, teils aus politökonomischen Gründen aus, weshalb ein wirtschaftspolitisches Entscheidungsproblem bestehen bleibt. Dessen ungeachtet werden abschließend die Chancen des Systemwettbewerbs betont und die Harmonisierungsoption kritisch betrachtet.

[9] Die Begriffe Systemwettbewerb und institutioneller Wettbewerb werden hier synomym verwendet.

II. *Allokationstheoretische Differenzierungen*

1. *Regulierungsziele als private oder kollektive Güter*

Für eine wirtschaftspolitische Analyse des Systemwettbewerbs sind äußere (externe) Institutionen zu betrachten, da nur diese seitens der Wirtschaftspolitik gesetzt, variiert und bei Regelverstößen notfalls durchgesetzt werden.[10] Externe Institutionen schließen – staatlich sanktioniert – Handlungsmöglichkeiten der Marktteilnehmer aus und separieren erlaubte von unerlaubten Handlungsmöglichkeiten (Röpke, 1987). Im Gegensatz zu inneren Institutionen eröffnen äußere Institutionen der Wirtschaftspolitik prinzipiell eine Steuerungsmöglichkeit, indem ihr Einsatz mit politisch bestimmten Regulierungszielen verknüpft wird. So kann angestrebt werden, durch den Ausschluss bestimmter ökonomischer Handlungsmöglichkeiten die Umweltqualität zu erhöhen, die Qualität von Gütern und Diensten zu sichern, die Wettbewerbsintensität zu erhöhen oder allgemein: auf das Marktergebnis Einfluss zu nehmen.

Offen bleibt, ob (1) eine äußere Institution im Einzelfall ein Regulierungsziel zu realisieren vermag, (2) unbeabsichtigte Nebenwirkungen herruft oder aber (3) im Erfolgsfalle ein wirtschaftspolitisches Ziel mit einer geringeren Eingriffsintensität hätte realisiert werden können.[11] Wir können zunächst empirisch festhalten, dass Nationalstaaten Institutionen für Regulierungszwecke einsetzen und das Marktgeschehen nach politisch gesetzten Zwecken zu beeinflussen versuchen. Dabei wird der Begriff der Regulierung hier in einem weiten Sinne verwendet. Entscheidend ist, dass Handlungsmöglichkeiten der Marktteilnehmer beschränkt werden, um wirtschaftspolitische Ziele zu realisieren; Produkt- und verfahrensbezogene Regulierungen (etwa Umweltregulierungen) sind hier ebenso angesprochen wie Wettbewerbsregeln. Das Gelingen einer regulativen Politik ist bei der bloßen empirischen Feststellung ebenso offen zu lassen wie die ökonomische Legitimation der Politikziele, für die die äußeren Institutionen eingesetzt werden. Insbesondere Letzteres stellt für die Analyse des Systemwettbewerbs einen sinnvollen Ausgangspunkt dar. Die Kontroverse dreht sich schließlich um die Frage, ob im Systemwett-

---

[10] Hingegen entstehen innere Institutionen durch Handlungen der Marktteilnehmer, also autonom von staatlicher Regelsetzungskompetenz (privat vereinbare Produktstandards wie VDI oder DIN-Normen, Standards für Dienstleistungen durch Handwerksordnungen, selbst geschaffenes Recht der Wirtschaft etc.; vgl. auch Streit/Wegner, 1989).

[11] Ch. Engel verdanke ich den Hinweis, dass es sich dabei um die ökonomische Variante des Übermaßverbotes aus dem öffentlichen Recht handelt.

bewerb nur Institutionen wegkonkurriert werden, die (aus ökonomischer Sicht) illegitimen Politikzielen dienen, oder aber im Gegensatz dazu sämtliche Institutionen (also auch ökonomisch legitime) einem „Race-to-the-bottom" unterliegen könnten. Letzteres hätte für Legitimationsfragen des Systemwettbewerbs schwerwiegende Folgen. Eine solche Kontroverse würde aber bereits vorentschieden, wenn a priori entweder von ökonomisch legitimen („allokationseffizienten") Regulierungen ausgegangen werden würde oder aber alternativ von ausschließlich ungerechtfertigten Regulierungen (z.B. als Instrumente von Umverteilungsinteressen). Im ersten Falle könnte ein Abbau von Regulierungen durch den Systemwettbewerb die Wohlfahrt eines Landes nur verschlechtern, im zweiten Falle würde man stets einen positiven Wohlfahrtsbeitrag annehmen.[12]

Der Zweck einer institutionellen Regulierung von Markthandlungen kann sich in unterschiedlicher Weise realisieren. Dies kann zum einen erst als Folge einer Vielzahl von institutionell geregelten Markthandlungen geschehen, so dass sich der Regulierungsnutzen als *kollektives Gut* realisiert. Zum anderen kann der Regulierungsnutzen unmittelbar *innerhalb einer Transaktionsbeziehung* den Marktteilnehmern (oder einem einzelnen Marktteilnehmer) zufallen. In diesem Fall gewinnt das Regulierungsziel den Charakter eines privaten Gutes, denn die Nicht-Teilnehmer einer regulierten Transaktionsbeziehung bleiben vom Regulierungsnutzen ausgeschlossen. Eine solche Unterscheidung ist deshalb relevant, weil aus einem Abwanderungsverhalten von Marktteilnehmern, zu dem es im

---

[12] Was den normativen Bezugspunkt für Legitimationsfragen betrifft, werde ich mich im weiteren an jenen Ökonomen orientieren, welche im Anschluss an Buchanan die Zustimmungsfähigkeit von Politikzielen seitens der Individuen als Kriterium heranziehen. Auch wenn hierbei noch keine Entscheidungsregel *logisch zwingend* folgt – diese Frage wird auch aus Sicht individualistischer Ansätze kontrovers behandelt – so schließt das Kriterium der Zustimmungsfähigkeit zumindest aus, dass Institutionen ohne Berücksichtigung individueller Präferenzen als ökonomisch legitim gelten dürfen.

Soweit handelt es sich noch um zustimmungsfähige Feststellungen zur Legitimation von Institutionen, insoweit man sich auf Vertreter individualistischer Ansätze beschränkt. Die offenen Fragen beginnen freilich, wenn nicht nur nach hinreichenden, sondern auch nach notwendigen Kriterien für ökonomisch legitime Institutionen gesucht wird – hier wäre die Hayek-Buchanan-Differenz zweier unterschiedlich konzipierter individualistischer Ansätze angesprochen – oder etwa gefragt wird, ob Individuen „so wie sie sind" nach ihren Präferenzen befragt werden dürfen oder vielmehr ihrerseits dazu angehalten werden müssen, Verfassungspräferenzen von Einkommensinteressen zu unterscheiden, wenn über die Auswahl von Institutionen zu befinden ist; vgl. hierzu etwa Vanberg/Buchanan (1989) oder Zintl (1983).

Systemwettbewerb kommen kann, im Allgemeinen unterschiedliche Schlüsse zu ziehen sind.

Beispiele für den erst genannten Fall sind:

- Wettbewerbsregeln, welche bestimmte Verhaltensweisen der Marktteilnehmer unterbinden, um den Wettbewerb zu fördern (betroffen sind etwa Preisabsprachen, Quotenkartelle, Alleinvertriebsvereinbarungen, Unternehmensfusionen etc.). Ein wettbewerbspolitisches Ziel besitzt Kollektivgutcharakter im oben angesprochenen Sinne. Für einzelne Marktteilnehmer kann abweichendes, d. h. wettbewerbswidriges, Verhalten rational sein, insofern der Nettonutzen bei regelkonformen Verhalten zunächst negativ ausfällt, wohingegen der Nettonutzen regelabweichenden Verhaltens i. d. R. positiv ist. Erst die Erstellung des Kollektivgutes bildet eine notwendige Voraussetzung für einen positiven Nettonutzen. Unter der Bedingung freien Marktzugangs profitieren überdies sämtliche Individuen von dem Kollektivgut „Wettbewerbsförderung“.[13]
- Umweltregulierungen, die bestimmte Handlungsmöglichkeiten der Marktteilnehmer ausschließen, damit ein umweltpolitisches Qualitätsziel realisiert wird (Einhaltung bestimmter Emmissionsgrenzwerte bei der Betreibung von Anlagen, Verbot bestimmter Stoffe für die Produktion von Gütern u. a. m.). Umweltqualität stellt ein prototypisches Kollektivgut dar, da von der Nutzung sauberer Luft oder Wassers i. d. R. niemand ausgeschlossen wird und gleichzeitig der individuelle Nettonutzen aus regelkonformen Verhalten negativ ausfällt, falls sich die anderen Marktteilnehmer regelinkonform verhalten.[14]

Im Gegensatz dazu kann das Regulierungsziel eines Kollektivgutcharakters entbehren, indem der Regulierungsnutzen unmittelbar und innerhalb einer regulierten Transaktionsbeziehung entsteht, somit auch nur einem oder beiden Tauschpartnern zufließt. Das Regulierungsziel nimmt hier den Charakter eines privaten Gutes an. Dies gilt etwa für

- Produktregulierungen, die den Verbraucher vor gesundheitlichen oder technischen Risiken schützen sollen; von der Qualität des regulierten Produkts profitieren hier in erster Linie die Nachfrager, welche den Regulierungsnutzen internalisieren. In zweiter Linie können auch die Anbieter „guter Produktqualität“ profitieren, da eine adverse Selektion

---

[13] Da es mir hier nur auf den allokationstheoretischen Zusammenhang ankommt, braucht die Operationalisierung des genannten Regulierungsziels hier nicht diskutiert werden.

[14] So lautet jedenfalls die Lehrbuchversion; in der späteren Diskussion sind Relativierungen dieses Arguments vorgetragen worden, auf die ich unten noch zu sprechen kommen werde.

und damit das Problem des Signaling vermieden wird. Sind Marktteilnehmer keine Transaktionsbeziehung eingegangen, fällt bei Ihnen auch kein Regulierungsnutzen an.

- Produktregulierungen, die Qualitätsnormen für das In-Verkehr-Bringen von Gütern und Diensten definieren und auf diese Weise Nachfragern eine Mindestqualität von Produkten garantieren; hier gilt das zuvor Gesagte in analoger Weise, wobei auch hier hervorzuheben ist, dass eine Anbindung von Regulierungszielen an die Qualitätspräferenzen der Nachfrager vorliegen muss, damit ein Nutzen aus der Regulierung erzielt wird.

Da eine solche Regulierung aufgrund ihres (hier unterstellten) hoheitlichen Charakters verbindlich erfolgt und nicht frei gewählt werden kann, wird der Regulierungsnutzen im Einzelfall strittig sein,[15] was selbstverständlich auch für den zuvor genannten Fall von Regulierungen gilt, welche zur Produktion von Kollektivgütern eingesetzt werden.[16] Während Regulierungen zur Produktion von Kollektivgütern zumindest grundsätzlich allokationstheoretisch rechtfertigbar erscheinen, wird dies für Produktregulierungen immer wieder angezweifelt und ein marktwidriger Eingriff vermutet. Dennoch kann im Sinne Akerlofs (1970) aus Sicht der Nachfrager grundsätzlich argumentiert werden, dass Produktregulierungen Transaktionskosten (hier: Informationskosten) einsparen helfen, welche bei der Identifikation der Qualität von Gütern entstehen; Ressourcen für die Informationssuche können nunmehr anders verwendet werden, etwa für Preisvergleiche.[17] Für die Anbieterseite kann ein Regulierungs-

---

[15] Ich gehe davon aus, dass einer Vielfalt von Regulierungspräferenzen generellere Bedeutung zukommt. Zwar teile ich insoweit die Auffassung Sinns, dass Produktregulierungen wohlfahrtsteigernd wirken können, bezweifle jedoch, dass aus diesem Umstand bereits ein staatliches (oder surprastaatliches) Regulierungs*monopol* gerechtfertigt werden kann. Sinn hingegen prüft gar nicht erst die Frage, ob aufgrund divergierender Nachfragepräferenzen Wahlmöglichkeiten für Produktregulierungen eingeräumt werden sollten, wie sie der Systemwettbewerb eröffnet.

[16] Insbesondere für die Wettbewerbspolitik hat sich gezeigt, dass man zwar im Sinne der Chicago-School eine Präferenzenbindung der Wettbewerbspolitik – gemeint waren dort die Präferenzen der Konsumenten – generell fordern, jedoch in ihrer Konkretion nur schwer durchhalten kann, so dass sich meritorische Elemente eines funktionsfähigen Wettbewerbs wohl kaum vermeiden lassen. Auch im Falle der Umweltpolitik erscheint eine Anbindung von Regulierungen an Präferenzen für Umweltqualität aus theoretischer Perspektive ausgesprochen schwierig, wie die anhaltende Diskussion zeigt; für einen neueren, institutionentheoretisch ausgerichteten Beitrag vgl. Weiß (1999).

[17] Für eine übersichtliche Darstellung des Akerlofschen Arguments vgl. Sinn (1997).

nutzen darin gesehen werden, dass Reputationsaufwendungen entfallen, um den Nachfragern Qualitätssignale zu übermitteln. Dieser Nutzen wird insbesondere bei jenen Anbietern entstehen, die zu vergleichsweise geringen Kosten eine „gute“ Qualität anbieten, welche aber von den unvollständig informierten Nachfragern unerkannt bliebe, so dass nunmehr eine Marktbereinigung resultiert. Im Einzelfall hängt der Regulierungsnutzen wesentlich davon ab, wie die Präferenzen der Nachfrager für Produktqualität bzw. Produktsicherheit ausfallen und ob die Regulierungen mit diesen Präferenzen kongruieren. Dies wird naturgemäß umso weniger der Fall sein, je stärker die individuellen Präfenzen für Qualität und Sicherheit innerhalb eines Regulierungsregimes divergieren.[18]

Im Unterschied zu den zuvor genannten Fällen, in denen das Regulierungsziel aus einem Kollektivgut bestand, ist es hier für die potentiellen Nutznießer unerheblich, ob sich außerhalb der regulierten Transaktionsbeziehung Marktteilnehmer derselben Regulierung unterstellen. Regelabweichung anderer Marktteilnehmer (also nicht des Transaktionspartners) wirkt sich demnach neutral auf den individuellen Nutzen der Regelanwender aus. Es ist lediglich sicherzustellen, dass Produkte, welche unter bestimmten Regulierungsstandards angeboten werden, diese auch faktisch erfüllen und nicht unerkannt unterbieten. Ansonsten könnten auch unregulierte Produkte ein eigenes Nachfragesegment finden, sofern entsprechende Präferenzen existieren. Eine verbindliche Festlegung von Regulierungsstandards würde also in umso stärkerem Maße den Nutzen von Nachfragergruppen beeinträchtigen, je weiter deren Präferenzen für Produktqualität und -sicherheit von den staatlich vorgegebenen Standards verfehlt werden.

Dass dieser letzt genannte Fall vorliegt und sich eine staatliche Meritorisierungsabsicht ins Negative verkehrt, wird vielfach vermutet: Zum einen ist bereits ein benevolenter Staat dem Informationsproblem ausge-

---

[18] Nicht zuletzt aus diesem Grund wirkt der Rückgriff auf ein Marktversagenskonzept aus Sicht eines evolutorischen Ansatzes unflexibel (s. u.). Zwar werden seit Akerlof (1970) Produktregulierungen als ein allokativer anstatt meritorischer Eingriff aufgefasst, da Informationsasymmetrien zu einer „zu niedrigen“ Produktqualität (gemessen an der Zahlungsbereitschaft der Nachfrager) führen würden. Es ist jedoch zu fragen, ob ein solcher Zustand im Zeitverlauf unverändert bestehen bleiben wird. Offensichtlich gelingt es auf Märkten im Zeitablauf durchaus, das Problem der Informationsasymmetrie durch Ausbildung innerer Institutionen sowie spezialisierte Informationsdiensleister abzumildern, wenn nicht gar vollständig aufzulösen (s. u.). Wenn die Möglichkeit der Entstehung von Institutionen jedoch ausgeschlossen wird, erscheint Marktversagen als geradezu zwangsläufiges Resultat.

setzt, Nachfragerpräferenzen für Produktqualität und -sicherheit zu identifizieren. Zum anderen aber hat die regulierungstheoretische Literatur hinreichend deutlich gemacht, dass sich hohe Regulierungsauflagen auch als Marktzutrittsschranke instrumentalieren lassen und folglich Anreize bestehen, mittels Lobbyismusaktivitäten für Regulierungen den Wettbewerb zu beschränken.[19] Es ist aus vielerlei Gründen, die in der regulierungstheoretischen Literatur hinreichend erörtert worden sind, durchaus anzunehmen, dass die faktischen Regulierungsstandards weniger den Nachfragerpräferenzen entsprechen als vielmehr den Präferenzen der Produzenten für eine Schließung von Märkten.[20] Eine besondere Rolle spielt in diesem Zusammenhang die unterschiedliche Organisierbarkeit von Produzenten- und Konsumenteninteressen aufgrund des Kollektivgutproblems bei kleinen Gruppen einerseits und großen Gruppen andererseits.[21]

Mit diesem Umstand verbinden sich ordnungspolitische Konsequenzen: Im Falle eines staatlich gesetzten Regulierungsstandards entstehen aus der Verfehlung von Regulierungspräferenzen Wohlfahrtseinbußen. Dieser Effekt lässt sich aber grundsätzlich abmildern oder sogar aufheben, sofern eine Wahlmöglichkeit für unterschiedliche Regulierungsstandards geschaffen wird, so dass die Nachfrager entsprechend ihren Regulierungspräferenzen wählen können. Bei einer Regulierungsvielfalt gelingt eine präferenzkonforme Güterwahl umso besser, je mehr die Nachfrager über die unterschiedlichen Regulierungsinhalte informiert sind. Da das Ziel der Regulierung (Produktqualität) ein privates Gut darstellt, besteht keine Freifahreroption für die Nachfrager; entscheiden diese sich zu Lasten eines inländischen Regulierungsstandards, so stellt dies kein Free-Rider-Verhalten dar. Daraus ergibt sich bereits ein erster Hinweis, dass für solche Arten von Regulierungen Wahlmöglichkeiten grundsätzlich wohlfahrtsverbessernd wirken und eine Regulierungsvielfalt in Betracht zu ziehen ist. Allerdings bedarf der Informationsstand der Nachfrager über die Existenz und die Inhalte von Regulierungen einer gesonderten Betrachtung, um zu ordnungspolitischen Handlungsempfehlungen zu gelangen (s. u.).

Anders hingegen fällt die Beurteilung für den zuerst erörterten Fall von Regulierungen aus, in denen ein Kollektivgut erzeugt wird. Allerdings ist auch hier vorschnellen Schlussfolgerungen vorzubeugen. Zweifelsfrei kann etwa für den Fall einer Umweltregulierung von Seiten der Nachfrager eine Freifahreroption wahrgenommen werden, sofern einem

---

[19] Vgl. Stigler (1971); für eine gute Übersicht zum Forschungsstand der 80er Jahre vgl. Noll (1989); siehe auch Streit (1983).

[20] Klassisch hierzu Stigler (1971)

[21] Vgl. Olson (1985).

staatlich gesetzten Regulierungsstandard ausgewichen werden kann. Nachfrager könnten unter diesen Umständen ein Angebot wählen, welches weniger stark reguliert ist und darum kostengünstiger hergestellt werden kann. Die „Abwanderung" der Nachfrager zu niedrig regulierten Produkten stellt insofern ein Freifahrerverhalten dar, als die Nachfrager nach wie vor das Kollektivgut der Umweltqualität konsumieren können, sofern die Zahl der „regeltreuen" Nachfrager nicht unter einen kritischen Schwellwert sinkt. In einem solchen Fall sprechen starke Gründe dafür, die Wahlmöglichkeit der Nachfrager in deren eigenen Interesse einzuschränken, da als Resultat der Abwanderung die Umweltqualität unter jenes Niveau absinken kann, für das die Individuen zahlungsbereit wären, so dass sich ein paretoinferiores Ergebnis einstellt. Ein hoher Verdacht für Trittbrettfahrerverhalten liegt im Falle grenzüberschreitender externer Effekte vor: insofern würden durch die Nachfrage nach ausländischen Produkten (falls sie unter geringeren Umweltauflagen hergestellt werden) negative externe Effekte „importiert".[22] Dieses Szenario sollte jedoch nicht zu vorschnellen Schlüssen Anlass geben; zu beachten bleibt nämlich, dass das Regulierungsniveau tatsächlich den Präferenzen der Nachfrager widersprechen kann und allein aus der Faktizität der Abwanderung noch nicht auf die Motive der Abwanderer geschlossen werden darf. Insofern liegen hier wirtschaftspolitische Fehlschlüsse nahe. Unter Umständen wünschen die Nachfrager lediglich eine gewisse Absenkung des Regulierungsniveaus und sind bereit, für eine entsprechende Umweltqualität auch zu zahlen. Wie sollten sie das auf anderem Wege als durch Abwanderung signalisieren?[23] Die Substitution von weniger regulierten Produkten kann durchaus als Signal an die Politik interpretiert werden, die Fehlanpassung von Regulierungen an Nachfragerpräferenzen zu korrigieren. Diese Interpretation ist insbesondere dann in Erwägung zu ziehen, wenn bereits eine hohe inländische Regulierungsdichte erreicht ist und Zweifel an ihrem Nutzen aufkeimen, d. h. bei einer Gegenüberstellung von regulierungsbedingtem inländischen Preisauftrieb und der erzielten Umweltqualität ein Zuviel-des-Guten vermutet wird.

Insgesamt kommen im Falle eines Kollektivgutes für Abwanderungsentscheidung der Nachfrager zugunsten eines „weicheren" Regulierungsregimes drei alternative Interpretationsmöglichkeiten in Frage, zwischen denen sorgfältig unterschieden werden muss:

---

[22] Ohne grenzüberschreitende externe Effekte könnte zwar im Inland eine Marktverdrängung heimischer, hoch-regulierter Industrie stattfinden, jedoch keine Erosion eines inländischen Kollektivgutes; vgl. auch Ngo van Long/Siebert (1991).

[23] Die Organisationsprobleme von Konsumenteninteressen sind seit Olson (1985) hinlänglich bekannt.

i) Regulierungsnutzen und -kosten entsprechen individuellen Präferenzen, jedoch nehmen die Nachfrager eine Freifahreroption wahr, um sich einer Kostenbeteiligung zu entziehen – dies wäre die konventionelle Interpretation, auf die Befürworter einer internationalen Harmonisierung von Standards im Zweifel zurückgreifen würden.
ii) Der Regulierungsnutzen fällt hinter seinen Kosten zurück, wodurch die Nachfrager zum Ausweichen auf andere Regulierungsregime motiviert werden, bei denen die individuellen Präferenzen besser realisiert werden. Rational erscheint dieses Motiv vor dem Hintergrund der politischen Transaktionskosten (Dixt, 1996; Eggertson, 1998), wenn eine offensichtliche Fehlanpassung von Regulierungen an die individuellen Präferenzen den politischen Akteuren signalisiert werden soll.[24] In diesem Fall kann die Abwanderung als geoffenbarte Präferenz für Deregulierungen gedeutet werden.
iii) Nachfrager weichen lediglich aufgrund unzureichenden Informationsstandes in ein anderes Regulierungsregime aus (z. B. mit niedrigeren Standards), obwohl sie für die heimische Regulierung bei besserer Information zahlungsbereit wären. (Diese Fehlentscheidung könnte in die umgekehrte Richtung wirken, etwa weil ein anderes Regulierungsregime ungerechtfertigterweise als zu „weich" gilt, so dass die Nachfrager aufgrund von Informationsdefiziten bei dem inländischen Regulierungsregime verbleiben.)

Damit deutet sich bereits an, dass die Motive für mögliche Ausweichentscheidungen zu differenzieren sind, wenn die ordnungspolitische Entscheidung gefällt werden soll, kollektivgutrelevante Regulierungen dem Systemwettbewerb auszusetzen. Obwohl die Möglichkeit der Abwanderung aufgrund eines Freifahrerverhaltens grundsätzlich besteht, kann auch die tatsächliche bzw. vermeintliche Fehlanpassung von Regulierungen an den Präferenzen zur Abwanderung motivieren. Während die Befürworter einer Harmonisierungslösung das zweite Motiv zumeist unberücksichtigt lassen und jede – somit zu unterbindende – Abwanderung als Freifahrerverhalten gedeutet sehen wollen, interpretieren die Befürworter des Systemwettbewerbs Kaufhandlungen als geoffenbarte Präferenz für staatliche Überregulierung – obwohl hier möglicherweise lediglich die Präferenz geoffenbart wird, Kollektivgutleistungen zu konsumieren, aber nicht dafür zu zahlen. So berücksichtigen etwa Streit/Mussler (1996) das Kollektivgutproblem bislang nur unzureichend, wohingegen Sinn (1997) das Phänomen einer regulativen Fehlanpassung für

---

[24] Für eine institutionentheoretische Analyse dieses Problems im Zusammenhang mit Umweltpräferenzen vgl. Weiß (1999).

zu unbedeutend hält, um es zu erörtern. Eine Differenzierung der Abwanderungsmotive ist somit unverzichtbar und liefert noch keine theoretische Vorentscheidung über die Wünschbarkeit des Systemwettbewerbs.

2. Allokationstheoretische Sonderfälle: politische Präferenzen für Regulierungen

Neben diesen beiden erörteten Formen von Regulierungen existiert noch ein Sonderfall, der für den Systemwettbewerb von nicht unerheblicher Bedeutung ist, allokationstheoretisch jedoch weniger eindeutig zuzuordnen ist. Betrachtet sei die Regulierung von Arbeits- und Beschäftigungsverhältnissen, die in unterschiedlicher Form und Intensität erfolgen kann; Regulierungen dieser Art betreffen etwa gesetzliche Arbeitszeiten, Mindestlöhne, Kündigungsvorschriften, Vorschriften bezüglich der Arbeitssicherheit u. ä. Regulierungen dieser Art zielen zunächst unmittelbar auf die Anbieter und Nachfrager von Beschäftigungsverhältnissen, so dass der (potentielle) Nutzen aus der Regulierung nur innerhalb dieser Transaktionsbeziehung entstehen kann, während die übrigen Marktteilnehmer ausgeschlossen bleiben. Unterstellen wir hier, dass Regulierungen tatsächlich einen positiven Nutzen stiften.[25] Wer jetzt an dem Regulierungsnutzen partizipieren möchte, muss eine regulierte Transaktionsbeziehung eingehen; insofern fällt der Nutzen als privates Gut an. Infolgedessen ist es unerheblich, ob und wieviele Beschäftigungsverhältnisse derselben Regulierung unterliegen oder aber außerhalb der regulierten Transaktionsbeziehung andere Regulierungsregime gelten. Regelabweichung (sofern sie möglich ist) wirkt sich nutzenneutral für die Regelanwender aus, so dass wir einen ähnlichen Fall vorliegen haben wie bei Produktregulierungen: weichen Anbieter oder Nachfrager der regulierten Transaktionsbeziehung in andere Regulierungregime aus, falls eine Wahlmöglichkeit besteht, stellt dies kein Trittbrettfahrerverhalten dar. Vielmehr ist aus einem solchen Verhalten zu schließen, dass ein anderes Regulierungsregime den Präferenzen besser entsprochen hat. Nach paretianisch-individualistischen Normen (wonach eine Besserstellung aller Individuen bei der *Einführung* einer Institution zu fordern ist), wirkt die Schaffung einer Wahlmöglichkeit von Regulierungen der hier betrachteten Art grundsätzlich wohlfahrtsverbessernd.[26] Insofern kann kein allokationstheoretisches

[25] Entsprechend dem Pareto-Kriterium müsste eine Marktseite die Regulierung zumindest als nutzenneutral bewerten.

[26] Vgl. Brennan/Buchanan (1985).

Argument ausgemacht werden, solche Regulierungen vom Systemwettbewerb a priori auszunehmen.

An dieser Sichtweise ändert sich auch dadurch nichts, dass Regulierungen von Beschäftigungsverhältnissen einen Kostenfaktor für nachgelagerte Produktmärkte darstellen. So können Anbieter und Nachfrager von Arbeit eine Regulierung als Nutzengewinn interpretieren, während auf dem Produktmarkt die Nachfrager mit Kaufzurückhaltung reagieren, d.h. die Regulierung „abwählen". Es ist kein allokationstheoretisches Argument ersichtlich, warum die Präferenzen der Nachfrager in diesem Falle durch die verbindliche Festlegung eines einheitlichen Regulierungsregimes meritorisiert werden sollten; schließlich partizipieren die Nachfrager nicht am Regulierungsnutzen, hätten jedoch die Kosten zu tragen. Vielmehr wären unter diesen Bedingungen die unmittelbaren Nutznießer der Regulierung – Anbieter und Nachfrager von Beschäftigungsverhältnissen – aufgefordert, die Nutzen-Kosten-Abwägung der Regulierung zu überprüfen, wenn sich diese im Wettbewerb als nicht durchsetzungsfähig herausstellt.[27] Dabei sind die Einkommenseinbußen ins Kalkül zu ziehen, die durch die Konkurrenz von Produkten verursacht werden, welche unter weniger stark regulierten Beschäftigungsverhältnissen hergestellt werden. Eine größere Wahlmöglichkeit der Nachfrager wirkt also auch hier wohlfahrtsverbessernd und erhöht lediglich die Kostentransparenz für ein bestehendes Regulierungsregime. Aus allokationstheoretischer Sicht wäre also die Unterbietung eines Regulierungsregimes von Beschäftigungsverhältnissen durch ein anderes grundsätzlich zuzulassen.

Allerdings ändert sich diese Sichtweise, wenn die Regulierung von Beschäftigungsverhältnissen allokationstheoretisch umgedeutet wird. So könnte das Regulierungsziel – hier: die Schaffung bestimmter Beschäftigungsbedingungen – nicht als privates Gut, sondern als Kollektivgut aufgefasst werden. Für die „Qualität" von Beschäftigungsbedingungen können somit politische Präferenzen der Bürger angenommen werden,

---

[27] Falls das Nutzen-Kosten-Kalkül der Anbieter und/oder Nachfrager von Beschäftigungsverhältnissen negativ ausfällt, genügt die Regulierung nicht der individualistischen Norm einer Besserstellung sämtlicher Individuen. Dabei bleibt offen, wie dieser Norm Geltung verschafft werden kann, da staatlich gesetzte Regulierungen zunächst nur einer demokratischen, nicht aber ökonomischen Legitimation zu genügen haben. Die Theorie des Systemwettbewerbs geht allerdings davon aus, dass sich unter der Bedingung eines Systemwettbewerbs der Druck auf die Akteure für eine präferenzkonforme Korrektur erhöht. In diesem Zusammenhang bleibt zunächst zu klären, wessen Präferenzen überhaupt Berücksichtigung finden sollen, wenn einer möglichen ruinösen Konkurrenz durch die Schaffung systemwettbewerblicher Ausnahmebereiche vorgebeugt werden soll.

womit eine Regulierung grundsätzlich legitimierbar erscheint, freilich auch besondere Legitimationsanforderungen beachtet werden müssen. In diesem Sinne ließe sich die allgemeine Zustimmungsfähigkeit einer Regulierung fordern, wobei diese Zustimmungsfähigkeit in einem zweiten Schritt vor dazu entgegen gerichteten wettbewerblichen Handlungen abzusichern wäre. Solange nämlich Freifahreroptionen bestehen, können diese grundsätzlich eine Erosion des Kollektivgutes bewirken.

Diese Umdeutung verweist auf eine gewisse Strukturähnlichkeit zum Systemwettbewerb. So ließe sich eine staatliche Regulierung von Beschäftigungsverhältnissen in Buchananscher Weise als rationale Entscheidung von Individuen begründen, die sich in Abwägung der von ihnen zu tragenden Kosten für diese Regulierung entschieden haben, sich jedoch quasi vor ihren eigenen Wettbewerbshandlungen schützen wollen. Denn im Wettbewerb können sie ihren eigenen kollektiven Präferenzen zuwider handeln. Abweichend von der vorherigen Argumentationsvariante wäre hier anzunehmen, dass die Gesellschaftsmitglieder Präferenzen dafür besitzen, unter welchen Arbeitsbedingungen Güter produziert werden – auch dann, wenn nur andere Individuen hiervon profitierten. Man denke etwa an Arbeitsschutzvorschriften, welche in einer Gesellschaft allgemeine Zustimmung finden. In alltäglichen Entscheidungssituationen, in denen solche kollektiven Präferenzen nicht mehr präsent gehalten werden, eröffnen sich ungewollt Freifahreroptionen, welcher eine zustimmungsfähige kollektive Regulierungsentscheidung nunmehr gefährden. Dies antizipierend, stellt sich die Aufgabe, kollektiven Präferenzen für Beschäftigungsbedingungen im Wettbewerb Geltung zu verschaffen.

Angesichts einer solchen Ausgangslage könnten die Gesellschaftsmitglieder einer freiwilligen Selbstbindung in Form einer rechtshoheitlich geschützten, allgemeinverbindlichen Regulierung zustimmen; denn hierdurch beugen die Individuen einem Gefangenendilemma vor, das zu einer für sie paretoinferioren Wettbewerbshandlung führen würde. Als Nachfrager von Produkten liegt es im Eigeninteresse der Individuen, lediglich ihren Güterpräferenzen zu folgen. Diese wiederum beziehen sich exklusiv auf Preise und Qualitäten, nicht jedoch auf Beschäftigungsverhältnisse, unter denen Güter hergestellt werden. Eine diesbezügliche Präferenz würde situativ unterdrückt werden.[28] Aufgrund des Kollektiv-

---

[28] Eine allgemeinverbindliche Regulierung kann durchaus den Gerechtigkeitsintuitionen der Individuen entsprechen und Regulierungen ein hohes Maß an Legitimation verleihen. Wenn etwa in der Fertigung von Baumaterialien der Einsatz gesundheitsverträglicher Materialen zu Wettbewerbsnachteilen führt, könnte es einem moralischen Urteil der Nachfrager entsprechen, die Beschäftigten vor

gutphänomens im Zusammenhang mit einer großen Gruppe besteht kein Anreiz zu einer Verhaltenskorrektur: individuelles „Defektieren" entfaltet (zunächst) keinen Einfluss auf die Stabilität des Kollektivgutes „Beschäftigungsbedingungen".

Auf diese Weise würden Wettbewerbshandlungen zu einer Erosion von Beschäftigungsbedingungen führen, obwohl die Gesellschaftsmitglieder diesen – unter Abwägung der Kosten – zugestimmt haben könnten. Insofern stellt sich hier das institutionenökonomische Problem, wie eine kollektive Präferenz für Beschäftigungsbedingungen unter Wettbewerbsbedingungen wahrgenommen werden kann.[29] Diese Interpretationsvariante sei hier lediglich optional angeboten: Wenn die Individuen ihr zustimmen würden, ist von einer Schutzwürdigkeit erodierbarer Institutionen auszugehen.[30] Allerdings ist dies nicht unmittelbar anzunehmen und schon gar nicht ist die politische Legitimation der Institutionen, um die es geht, als hinreichende Begründung für einen Schutz vor Wettbewerb zu betrachten („Primat der Politik über die Ökonomie"); denn schließlich haben wir davon auszugehen, dass kollektive Präferenzen stets vor dem Hintergrund individueller Interessenlagen reinterpretiert werden, und eine solche Interessenlage wird den Individuen erfahrungsgemäß erst dann transparent, wenn sie selbst im Wettbewerb stehen, d.h. Nutzen und Kosten tatsächlich erfahren und gerade nicht politisch votieren. Eine abwägende Interpretation ist also angebracht, gerade angesichts des Umstandes, dass eine legitimatorische Überlegenheit „der Politik" allzu leichtfertigt propagiert wird und gegenwärtig auch in den besten Kreisen die Tendenz um sich greift, Märkten ein notorisches Legitima-

---

solchen Wettbewerbsnachteilen zu schützen, etwa weil sie sich in einer vergleichbaren Situation selbst auch geschützt sehen wollen.

[29] Der Vollständigkeit halber sei darauf hingewiesen, dass für Regulierungen der Beschäftigungsbedingungen auch noch andere Begründungen möglich sind, die im Kern wettbewerbspolitischer Natur sind: die Regulierungen dienen dann dazu, eine „schwache Marktseite" zu schützen oder – in der Sprache der Wettbewerbspolitik ausgedrückt – dem Missbrauch einer marktbeherrschenden Stellung vorzubeugen.

[30] Diese Begründung unterscheidet sich von der Sinns (1997), läuft aber in den wettbewerbspolitischen Konsequenzen ebenfalls auf die Schutzwürdigkeit gewisser Institutionen hinaus. Allerdings bleibt zu beachten, dass ich hier lediglich „gute Gründe" für ihre Legitimation durchspiele, während die Sinnsche Argumentation im Stile einer hinreichender Begründung von Institutionen des Sozialstaats aufgebaut ist. Mehr als gute Gründe kann Sinn aber auch nicht liefern und das gilt für normative Aussagen der politischen Philosophie insgesamt.

tionsdefizit zu unterstellen – als ob Märkte nicht das Geringste mit individuellen Präferenzen zu tun hätten.[31]

Immerhin stellt die hier durchgespielte Begründungsvariante eine zustimmungsfähige Möglichkeit dar. Sie argumentiert unter veränderten Voraussetzungen und indiziert, dass wettbewerbliche Handlungen nicht in jedem Falle eine präferenzkonforme Wahrnehmung von Vorteilen signalisieren. Vielmehr ist zu prüfen, ob kollektive Präferenzen für Beschäftigungsbedingungen existieren, die eine freiwillige Selbstbindung durch staatliche Regulierungen rechtfertigen könnten. Im positiven Falle ist bereits eine Antwort auf die Frage prädisponiert, ob diese Institution dem Systemwettbewerb uneingeschränkt ausgesetzt werden sollte. Allerdings ist die Prüfung auf Existenz kollektiver Präferenzen auch faktisch vorzunehmen; ansonsten würde das hier entwickelte allokationstheoretische Argument missbraucht werden, wenn allein die Möglichkeit einer Kollektivguterosion hinreichen würde, um die existierenden Regulierungen zu rechtfertigen.

3. Zwischenfazit

Externe (staatlich gesetzte) Institutionen können grundsätzlich danach unterschieden werden, ob die beabsichtigten Regulierungsziele private oder öffentliche Güter darstellen. Wie die Ausführungen zu arbeitsmarktlichen Regulierungen gezeigt haben, ist die Zuordnung nicht immer eindeutig; vielmehr bleiben unterschiedliche Interpretationsvarianten zu berücksichtigen. Aus der Unterscheidung lassen sich Hinweise darüber ableiten, ob sich ohne eine einheitliche, verbindliche Regelsetzung (d.h. bei Abwesenheit eines Systemwettbewerbs) Freifahreroptionen eröffnen, die zu einer präferenzwidrigen Erosion von Kollektivgüter führen könnten. Allerdings lässt sich hieraus nicht im Umkehrschluss zwingend ableiten, dass die existierenden Institutionen vor dem Systemwettbewerb geschützt werden sollten, da ein präferenzkonformes Regulierungsniveau („benevolenter Staat") nicht vorausgesetzt werden kann: wie oben gezeigt wurde, sind auch die Motive einer Abwanderung in die allokationspolitische Beurteilung einzubeziehen, anstatt diese vorschnell zu disqualifizieren. Anders sieht der Fall aus, wenn Regulierungsziele die Form von privaten Gütern annehmen; hier sprechen *aus allokationstheoretischer Sicht*

[31] Für eine anspruchsvollere Variante der Marktkritik vgl. Peter (2003); als Beispiele für die gegenwärtige „Wider-den-Turbo-Kapitalismus-Literatur" vgl. statt vieler Martin/Schumann (1998) und Klein (2003).

zunächst keine Gründe dagegen, eine Regulierungsvielfalt grundsätzlich zuzulassen. Ich konzentriere mich nachfolgend auf diesen letzten Fall, werde jedoch solche Regulierungen, die Kollektivgüter produzieren, gelegentlich ansprechen, insoweit sich aus den Erörterungen Denkanstöße für die Behandlung von Kollektivgütern im Systemwettbewerb finden lassen.

Die weiteren Ausführungen werden nämlich zeigen, dass aus einer allokationstheoretischen Kategorisierung von Institutionen noch keine Schlüsse hinsichtlich der Funktionsfähigkeit eines institutionellen Wettbewerbs gezogen werden dürfen. Diese dem Kern nach wettbewerbspolitische Prüfung kann infolgedessen nicht ausgespart werden, wenn Institutionen aus allokationstheoretischer Sicht grundsätzlich dem Wettbewerb ausgesetzt werden können. Auch wenn aus allokationstheoretischer Sicht nichts gegen einen institutionellen Wettbewerb einzuwenden ist, könnte dennoch die *Funktionsfähigkeit* des Wettbewerbs beeinträchtigt sein. Obwohl dieser Punkt in der Literatur zum Systemwettbewerb implizit eine wichtige Rolle spielt, fehlt m.W. bislang eine wettbewerbspolitische Erörterung, so dass hier ein wesentliches Beurteilungskriterium vernachlässigt wird. Es bleibt zu prüfen, ob solche Störungen den institutionellen oder den Güterwettbewerb betreffen, da diese beiden Wettbewerbe in einer spezifischen Weise miteinander verknüpft sind, wenn der Nationalstaat nicht mehr als monopolistischer Anbieter von Regeln auftritt, also Systemwettbewerb herrscht.

III. Die Funktionsfähigkeit des Systemwettbewerbs

1. Zur ambivalenten Wirkung externer Institutionen auf Marktprozesse

Um Letzteres genauer zu untersuchen, wird hier ein theoretischer Zwischenschritt eingeschoben. Zuerst sei die Wirkung von Institutionen auf die Intensität und Richtung des Güterwettbewerbs bei einem einheitlichen Regelset betrachtet, womit zunächst weiterhin die Nationalstaatsfiktion bedient wird. Wir werden uns dabei im wesentlichen auf zwei miteinander verknüpfte wettbewerbliche Effekte von Institutionen konzentrieren, die besondere Aufmerksamkeit verdienen. Erst in einem zweiten Schritt wird gefragt, wie sich diese Wirkung von Institutionen auf den Wettbewerb ändert, wenn der institutionelle Wettbewerb als Wettbewerb 2. Ordnung hinzutritt. Die Analyse des Systemwettbewerbs sei also noch einen Moment zurückgestellt; d. h. zunächst sei angenommen, Marktteilnehmer handelten innerhalb eines einzigen institutionellen Settings, der vom Nationalstaat als Herrschaftsverband im Sinne Max Webers gesetzt und sanktioniert wird (sofern es die hier betrachteten äußeren Institutionen betrifft). Weder existiere die Möglichkeit der Wahl von Institutionen via Abwanderung, noch gelten für konkurrierende Anbieter unterschiedliche Institutionen.

Da hier die Wirkung von Institutionen auf dynamische Wettbewerbsprozesse zu untersuchen ist, können die Ergebnisse der institutionentheoretischen Forschung selektiv befragt werden. Die statischen Effizenzfolgen von Institutionen sind hier weniger von Interesse; stattdessen erscheint insbesondere jener Zweig der institutionentheoretischen Forschung fruchtbar, der die Koordinationsfolgen von Institutionen im Rahmen wettbewerblicher Prozesse explizit thematisiert hat. (North, 1990; Kiwit/Voigt, 1995; Streit/Wegner, 1989; Wegner, 1996; Lohmann, 1992). Aufschlussreich ist in diesem Zusammenhang die gewonnene Erkenntnis, dass bei Institutionen zwischen der verhaltensbegrenzenden Wirkung und der Informationswirkung unterschieden werden muss und der Einfluss auf die Intensität des Wettbewerbs gegenläufig ausfallen kann (s. u.).

Als theoretisches Hintergrundmodell wird hierbei eine auf Hayek zurückgehende evolutorische Markttheorie verwendet, welche die Rolle von Marktinstransparenz für den Wettbewerbsprozess herausstellt. Anders als in stationären Markttheorien wird Marktintransparenz hierbei nicht als Störgröße für eine effiziente Marktallokation betrachtet, sondern vielmehr vielmehr als Antriebsmoment für evolutorische Wettbewerbsprozesse.[32] Einen besonderen Akzent setzt diese Variante der evolutorischen Markttheorie dadurch, dass die Bedeutung des Wissenserwerbs auf der Nachfragerseite für die Wettbewerbsintensität betont wird, wohingegen in konkurrierenden theoretischen Konzepten – welche ihre Inspiration von Schumpeter beziehen – der Nachfrage eine eher passive Rolle zugewiesen wird.[33]

Die Bereitschaft der Nachfrager, Informationskosten (als Teil von Transaktionskosten) aufzuwenden sowie die Effizienz der Informationssuche bestimmen maßgeblich die Sets der wählbaren Alternativen für die Nachfrageseite. Substitutionsvorgänge als Element des Wettbewerbs kön-

---

[32] Trotz unterschiedlicher wettbewerbspolitischer Perspektiven lässt sich hier eine gewisse Parallele zur Wettbewerbstheorie des Workable Competition von Clark erkennen, der gleichfalls die wettbewerbsfördernde Rolle von unvollständiger Information erkannt hat.

[33] Zu einer ausführlichen Darstellung vgl. Wegner (1996; Kap. 3) und Streit/Wegner (1989); dort wird auch auf die Unterschiede zu Schumpeterianischen Ansätzen hingewiesen, welche traditionellerweise ausschließlich die Angebotsseite untersuchen.

nen grundsätzlich nur innerhalb der bekannten Sets wählbarer Alternativen ablaufen. Ist daher die Neigung der Nachfrager, Transaktionskosten aufzuwenden, gering ausgeprägt (z. B. wegen überwiegenden Routineverhaltens und eines schwach ausgeprägten unternehmerischen Verhaltens) und/oder fällt die Effizienz der für die Informationssuche investierten Ressourcen gering aus, vermindert sich auch die Intensität von Substitutionshandlungen. Innovationsaktivitäten der Anbieterseite würden dann „leer laufen", d. h. ein geringeres Nachfragepotential ausschöpfen, als bei besser informierten Nachfragern möglich wäre. Insofern hängt der Markterfolg von Wettbewerbshandlungen der Angebotsseite wesentlich vom Informationsstand der Nachfrager ab.[34]

Jedoch darf unvollständige Information in diesem Zusammenhang nicht als Marktdefekt betrachtet werden und vollständige Information zum Ideal erhoben werden. Letzteres scheidet schon allein deshalb aus, weil in evolutorischen Marktprozessen permanent das Güterangebot verändert wird und sich ein bisheriger Wissensstand der Nachfrager naturgemäß überholt. Trotz Informationsaktivitäten wird das Ideal vollständiger Information deshalb auch langfristig nicht angenähert. Die Theorie des Wettbewerbs als Entdeckungsverfahren nimmt denn auch unvollständige Information zum Ausgangspunkt und betont, dass diese Unvollständigkeit in evolutorischen Wettbewerbsprozessen zwar zu reduzieren versucht wird, im Ergebnis aber *reproduziert* anstatt eliminiert wird. Vollständige Information fungiert hier nicht mehr als normativer Referenzpunkt.[35]

Der Einfluss von Institutionen auf den Wettbewerb kommt in zweifacher Weise zum Tragen; zum einen ist er auf die Innovationstätigkeit der Anbieter gerichtet, zum anderen auf die Substitutionsprozesse auf

---

[34] Man vergegenwärtige sich etwa die hohe Markttransparenz kurz nach der Liberalisierung des Telekommunikationssektors, womit der Markterfolg objektiv günstigerer Anbieter zumindest in der Anfangsphase erheblich beeinträchtigt wurde. Erst nach deutlich verbessertem Informationsstand konnte ein intensiver Preiswettbewerb wirksam werden.

[35] Die Dysfunktionalität vollständiger Information für evolutorische Wettbewerbsprozesse ist bereits von der Harvad-School durchschaut worden, was durch eine einfache Überlegung plausibel gemacht werden kann: zwar würden vollständig informierte Nachfrager unmittelbar zu den „besten" Anbietern wechseln, damit aber ein vorzeitiges Ausscheiden der übrigen Anbieter verursachen. Deren Reaktionszeit für einen nachstoßenden Wettbewerb ist auf diese Weise eliminiert, so dass sie künftig nicht mehr für Wettbewerbsdruck sorgen können; dieser Gedanke wird auch bei Wohlgemuth (1995) zugrunde gelegt.

der Nachfrageseite. Der erste Effekt resultiert aus der Beschränkung innovatorischer Handlungsmöglichkeiten *(Beschränkungseffekt)*, während der zweite mit der Eigenschaft von Institutionen als Informationsträger zusammenhängt *(Informationseffekt)*.

Der auf der Angebotsseite wirksame *Beschränkungseffekt* lässt sich leicht nachvollziehen: Der Wettbewerbsprozess wird durch wettbewerbliche Handlungen vorangetrieben (vorstoßender Wettbewerb) oder setzt Anbieter unter Anpassungsdruck, auf die erfolgreichen wettbewerblichen Handlungen anderer Marktteilnehmer zu reagieren (nachstoßender Wettbewerb). Institutionen beschränken generell den Set möglicher Wettbewerbshandlungen bzw. Anpassungsreaktionen, wie einige Beispiele deutlich machen:

- Eine restriktive Fusionskontrolle würde einem unter Anpassungsdruck geratenen Anbieter die Handlungsmöglichkeit versperren, Eigentumsrechte an einem konkurrierenden Unternehmen zu erwerben, um den Marktverbleib auf diese Weise zu sichern (sei es durch Gewinne an produktiver Effizienz aufgrund einer Fusion im Sinne von Williamson, sei es durch wettbewerbsbeschränkende Maßnahmen);
- Umweltregulierungen können dem Anbieter auf vielfältige Weise verbieten, Kosten im Unternehmen durch effizientere Techniken zu senken, welche bestehende Umweltstandards überschreiten und/oder die Umwelt belasten;
- Produktregulierungen verbieten dem Anbieter, bestimmte Sicherheitsstandards von Produkten zu unterschreiten (z. B. durch VDE-Normen zur Gewährleistung technischer Sicherheit) oder Kostenvorteile durch Unterschreitung von Qualitätsnormen für Produkte zu erlangen (unter Hinweis auf ein berühmt gewordenes Beispiel im Europarecht – der Fall „Cassis-de Dijon" – sei hier der Weingeistgehalt von Likören annotiert, der einer Regulierung unterliegt);
- arbeitszeitliche Regelungen restringieren die Form der innerbetrieblichen Reallokation von Arbeitskräften etc.[36]

Die Beispiele mögen deutlich machen, dass hier in neutraler Weise von einer Beschränkungswirkung im Zusammenhang mit Institutionen gesprochen werden kann. Es sei nicht näher untersucht, ob Handlungsmöglichkeiten dabei zu weitgehend beschränkt werden, so dass der Wettbewerb nicht oder nur unzureichend zur Entfaltung kommen kann, oder aber umgekehrt der Wettbewerb eine gewisse Beschränkung von Handlungsmöglicheiten erst voraussetzt. Letzteres ist von der konstitutionellen

[36] Für die Analyse reicht es aus, lediglich die institutionellen Beschränkungen auf der Anbieterseite zu betrachten.

Ökonomik, wie sie Buchanan begründet hat, bejaht worden, und auch der ORDO-Liberalismus betonte stets die Notwendigkeit einer Beschränkung von Handlungsmöglichkeiten zum Schutze des Wettbewerbs. M.a.W. verstößt die Wirtschaftspolitik nicht von vornherein gegen ökonomische Normenkonzepte, wenn sie für die Marktteilnehmer Grenzen der Freiheit festlegt.

Des Weiteren wirken externe Institutionen als Informationsträger, der vor allem von den Nachfragern genutzt werden kann.[37] Der *Informationseffekt* kommt in vielfältiger Weise zum Tragen: zum Teil enthalten externe Institutionen bereits unmittelbar Informationen, die für Kaufentscheidungen relevant sind; zum anderen ist der Informationsgehalt impliziter Natur und beeinflusst nur die Kosten, wobei die konkreten Ursachen für die Kostenhöhe aus Sicht der Nachfrageseite ohne Bedeutung sind; schließlich existieren auch Fälle, in denen externe Institutionen einen impliziten Informationsgehalt aufweisen, der kaufrelevant sein kann, sofern die Nachfrager die Information aufzuschlüsseln verstehen:

Zum erst genannten Fall eines unmittelbaren Informationsgehalts lassen sich zahlreiche Fälle von Produktregulierungen anführen, in denen Qualitätsnormen für ein Produkt festgelegt werden und/oder die Vermarktung eines Produktes unter einer Produktbezeichnung nur dann erlaubt ist, wenn die diesbezüglichen Qualitätsnormen eingehalten worden sind. In diesen Fällen wird nicht nur – wie im vorherigen Abschnitt erläutert – ein privates Gut in Form einer Produktqualität qua Regulierung produziert, sondern auch der besagte Informationseffekt erzielt. Exemplarisch seien etwa die Regulierungen für Lebensmittelprodukte genannt, welche das In-Verkehr-Bringen von Lebensmitteln unter einer bestimmten Produktbezeichnung an Qualitätsvorschriften binden (vgl. dazu die Regulierungsvorschriften für „Qualitätswein", „Marmelade", etc., in denen die Bezeichnung das Produkt von engen Substituten unterscheidet.). Die Regulierung „überträgt" quasi an den potentiellen Käufer eine Information, ohne dass dieser seinerseits Informationskosten aufzuwenden hätte, um Qualitätsdifferenzen zwischen engen Substituten zu identifizieren. Verausgaben die Nachfrager eine gegebene Höhe an Transaktionskosten, steigern Produktregulierungen ihre „Produktivität". Da nämlich über die Produktqualität bereits qua Regulierung informiert wird, können Suchaufwendungen anders verwendet werden, etwa für Preisvergleiche. Auf diese Weise können Substitutionsprozesse zugunsten preiswerterer Produkte stimuliert und ein Preiswettbewerb in Gang gesetzt werden.

---

[37] Für eine umfassende Untersuchung zur Informationsfunktion von Institutionen im Zusammenhang mit Fragen der Informationseffizienz von Märkten vgl. Brüggelambert (1998).

Allerdings bleibt zu beachten, dass zunächst nur abstrakt über die Einhaltung von Qualitätsstandards informiert wird, wenn ein Produkt unter einer bestimmten Bezeichnung in den Warenverkehr gebracht wird. Der Informationsgehalt bestimmt sich erst in Relation zum schon vorhandenen Wissensstand der Nachfrager über den Inhalt von Regulierungsvorschriften. Ein Mindestmaß an Informiertheit muss existieren, da die Nachfrager ansonsten den Produktregulierungen keine kaufrelevante Bedeutung beimessen können (also z. B. zwischen unterschiedlichen Produktbezeichnungen naher Substitute nicht unterscheiden können). Insofern können sie entweder fehlinformiert entscheiden und sich in der Produktwahl „vergreifen", weil sie bei besserer Information Güter mit höheren oder niedrigeren Qualitätsstandards bevorzugt hätten. Oder es entstehen zusätzliche Transaktionskosten für die Nachfrager, weil diese sich über den Inhalt von Produktregulierungen erst kundig machen müssen. Wer vermag schon anzugeben, was Regulierer unter Fruchtsaft oder Likör verstehen? Transaktionskosten werden also durch externe Institutionen nur *potentiell* eingespart, weil Produktregulierungen Informationskosten senken, nicht jedoch eliminieren.

Aus Sicht der Nachfrager werden in erster Linie Institutionen kaufrelevant, die Produkte unmittelbar kennzeichnen. Hingegen existieren andere Fälle von externen Institutionen, welche die Kaufentscheidung entweder gar nicht oder nur in Grenzfällen beeinflussen.

So entbehrt etwa das Wettbewerbsrecht, unter welchem die Anbieter ihre Entscheidungen treffen, aus Sicht der Nachfrager jeglichen Informationswertes, weshalb sie diese Institution auch nicht zu kennen brauchen. Intensiviert sich der Wettbewerb als Folge der Wettbewerbsregeln, hat dies nur mittelbar Konsequenzen für das Angebot. Unmittelbar nachfragerelevant bleiben lediglich Preise und Qualitäten der Güter und Dienste, wohingegen die Ursachen für einen wettbewerbsbedingten Preisdruck oder eine wettbewerbsbedingte Qualitätserhöhung für die Nachfrager belanglos sind; diesbezügliche Informationen werden darum von den Marktsignalen ausgefiltert (Hayek, 1945).

Ähnliches gilt auch für andere externe Regulierungsformen, welche mittelbar auf den Preis und die Qualität des Angebots einwirken, die Kaufentscheidung aber selbst nicht direkt beeinflussen. Arbeitsrechtliche Bestimmungen, unter denen Produkte hergestellt werden dürfen, bilden i. d. R. keinen Bestandteil von Güterpräferenzen; präferenzwirksam werden diese externen Institutionen nur als Kostenfaktoren;[38] dies trifft

---

[38] Allerdings existieren auch Ausnahmefälle, wenn etwa Nachfrager durchaus daran interessiert sind, dass Produkte unter Einhaltung elementarer humanitärer Standards hergestellt worden sind (Ausschluss von Kinderarbeit o. ä.).

zumeist auch für umweltrechtliche Regulierungen zu, welche nicht die Qualität von Produkten, sondern das Herstellungsverfahren betreffen. In diesem Fall partizipieren die Nachfrager nicht an der Umweltqualität von Produkten, so dass Informationen über Umweltregulierungen für eine Kaufentscheidung ausgeblendet werden können (es sei denn, die Nachfragerpräferenzen erstrecken sich auch auf Herstellungsverfahren).

Fassen wir die Betrachtung zusammen. Informations- und Beschränkungseffekt von Institutionen wirken auf den Wettbewerb insgesamt in gegenläufiger Richtung:

(1) Die *Informationswirkung* von Produktregulierungen trägt dazu bei, dass die Markttransparenz erhöht wird und ein nachfrageseitiger Substitutionsprozess intensiviert wird (s. o.). Das Güterangebot wird insofern besser für die Nachfrageseite kontrollierbar, als diese ihre Informationssuche auf die unregulierten Qualitätsmerkmale und Preisunterschiede im Produktangebot konzentrieren kann. Verbessert sich hier die Marktkenntnis für die Nachfrager, regen Austauschprozesse die Anbieterseite verstärkt zu Wettbewerbshandlungen an.

Hierbei wird jedoch davon ausgegangen, dass Regulierungen tatsächlich zu einer Nettoersparnis von Transaktionskosten führen. Modifizierend bleibt anzumerken, dass Transaktionskosten auch bei regulierten Produkten gegebenenfalls dann steigen können, wenn der Regulierungsinhalt von Produkten nicht oder nur unvollständig bekannt ist. So informiert etwa die Regulierungsvorschrift des Reinheitsgebotes beim Bier nicht darüber, ob nur pestizidfrei angebauter Hopfen verwendet werden darf, wovon die Nachfrager ausgehen könnten, wenn sie das Reinheitsgebot als ein allgemeines Unbedenklichkeitssignal der Regulierer interpretieren. In diesem Falle wäre eine Substitution von Gütern fehlgeleitet, weil die Regulierung zumindest vorübergehend Marktintransparenz gestiftet hat. Die Transaktionskostenersparnis kann mithin aufgezehrt werden, bis der Inhalt von Regulierungen erlernt wird und diesbezügliche Informationskosten versinken. Der transparenzerhöhende Effekt von Regulierungen bleibt dann daran gekoppelt, dass Nachfrager zuvor (einmalige) Lernaufwendungen tätigen. Erst danach kann ein wettbewerbsstiftender Substitutionsprozess (Austauschprozess) in Gang kommen.

(2) Der *Beschränkungseffekt* von Regulierungen kann jedoch Wettbewerbshandlungen in eine präferenzinkonforme Richtung lenken oder präferenzkonforme Wettbewerbshandlungen sogar vollständig unterbinden. Da die Regulierung nur in mehr oder minderem Maße mit Nachfragerpräferenzen abgestimmt ist, d. h. hauptsächlich meritorisierend erfolgt oder Rentseeking-Interessen der Anbieter ausführt, können erfolgversprechende Wettbewerbshandlungen dennoch unterbunden bleiben. Dies betrifft etwa die Markteinführung

eines Produktes, welche von einer Regulierungsvorschrift untersagt wird.[39] Regulierungen beeinträchtigen damit die Wettbewerbsintensität, indem Handlungsmöglichkeiten verboten werden.

Die Stärke des Beschränkungseffekt spiegelt sich auch in der Kostspieligkeit seiner Korrektur wieder. Die davon negativ betroffenen Anbieter müssen zum einen die Fehlanpassung perzipieren und zum anderen sich eine Chance ausrechnen, zu akzeptablen Kosten (und v. a. innerhalb eines akzeptablen Zeitraumes) eine Änderung der Regulierung bei den politischen Akteuren zu erwirken. Dies impliziert eine Andersverwendung von privaten Ressourcen für politische Aktivitäten (politische Transaktionskosten),[40] wobei jedoch mit Stigler (1971) zu berücksichtigen ist, dass etablierte Anbieter für eine Beibehaltung bestehender Regulierung plädieren werden (und eventuell Verbraucherschutzargumente instrumentalisieren, um künstliche Marktzutrittsschranken aufrecht zu erhalten). Aus Sicht eines negativ betroffenen Wettbewerbers dürfte es in den meisten Fällen profitabler sein, seine Wettbewerbshandlungen den geltenden Institutionen anzupassen und nicht auf eine Korrektur fehlangepasster Regulierungen hinzuwirken, womit Institutionen unweigerlich Wettbewerbsprozesse an den Präferenzen vorbeilenken.[41]

Mit dem Beschränkungseffekt sind darüber hinaus wettbewerbsverzerrende Effekte verknüpft, die aus der ungleichen Beschränkung von Handlungsmöglichkeiten resultieren.

(1) Der Beschränkungseffekt von Produktregulierungen kann aus Sicht der Wettbewerber diskriminatorisch wirken, nämlich im Vergleich zwischen unterschiedlich regulierten Märkten. Auf Märkten, in denen die Regulierungen den Präferenzen vergleichsweise gut angepasst sind, werden keine Nachfragepotentiale meritorisierend unterdrückt. Hier sind demnach höhere Allokationsgewinne möglich als auf Märkten, in denen Regulierungen fehlangepasst sind oder mit einem Präferenzenwandel nicht eng genug synchronisiert werden. Der Diskriminierungseffekt wird in besonderem Maße Wettbewerber betreffen, die andere Produktqualitäten anbieten wollen, als durch die

---

[39] Vgl. hingegen Sinn (1997), der das staatliche Regulierungsmonopol verteidigt, weil vollständig informierte Nachfrager nicht als Regelfall unterstellt werden dürften. Dies legt die Rückfrage nahe, warum gänzlich uniformierte Nachfrager als Referenzfall angenommen werden und die mögliche Bevormundung der Konsumenten durch ein staatliches Regulierungsmonopol nicht als Problem thematisiert wird.

[40] Vgl. Eggertson (1998).

[41] Die politiökonomischen Anreizprobleme lassen sich wiederum mit der Theorie von Olson gut rekonstruieren; vgl. auch Wegner (1998).

Produktregulierung zugelassen sind. So ist denkbar, dass Anbieter von kanarischen Kleinbananen durchaus eine Absatzchance besäßen, jedoch von einer kleinbananenfeindlichen EU-Bürokratie am Marktzutritt gehindert werden, während dies für Anbieter von Zahnseide nicht gilt etc.

(2) Auch bei verfahrensbezogenen Regulierungsformen wie Umweltregulierungen oder arbeitsrechtlichen Bestimmungen ergibt sich ein diskriminatorischer Effekt, weil die Bindungswirkung solcher Regeln unterschiedlich ausfällt. So sind Dienstleistungsunternehmen kaum von Umweltregulierungen betroffen, während in anderen Branchen der Kosteneffekt erheblich ins Gewicht fallen kann. Es mag eingewandt werden, dass die Möglichkeit einer Wettbewerbsverzerrung nur gering einzuschätzen ist, weil innerhalb einer Branche alle Wettbewerber in gleicher Weise von einer diesbezüglichen Regulierung betroffen sind. Allerdings bleibt auf den gelegentlich vermuteten Fall hinzuweisen, dass Wettbewerber etwa auf wohldefinierte Umweltregulierungen politisch hinwirken, die zwar für alle Wettbewerber gleichermaßen gelten, jedoch von etablierten Anbietern aufgrund spezifischer Kostenvorteile einfacher zu erfüllen sind. In diesem Falle können Regulierungen strategisch dazu genutzt werden, potentielle Wettbewerber am Marktzutritt zu hindern. Die wettbewerbsverzerrende Wirkung fällt dann besonders schwerwiegend aus, wenn Umweltregulierungen bestimmte Techniken vorschreiben, die zur Erfüllung des Regulierungszwecks nicht unbedingt notwendig sind, jedoch von etablierten Anbietern kostengünstiger zu beschaffen sind.

Diese wettbewerbsverzerrende Wirkung kommt auch bei arbeitsrechtlichen Regulierungen zum Tragen, auch wenn diese i. d. R. wegen ihres branchenübergreifenden Charakters nichtdiskriminatorisch ausgestaltet sind. Auch hier gilt, dass der Gleichheitscharakter von Regeln – anders als Hayek vermutet – noch nicht für Regelgerechtigkeit verbürgt.[42] So gelten etwa arbeitsrechtliche Regulierungen für junge Unternehmen in gleicher Weise wie für etablierte, restringen junge Unternehmen (mit geringem Eigenkapital und noch ungesicherter Marktstellung) jedoch i. d. R. stärker und erzeugen somit eine Markteintrittsbarriere.[43] Aus dieser Wirkung

---

[42] Vgl. auch Zintl (1983).

[43] Demnach dürfen Hayeks Urteile für ordnungskonforme Regeln nicht schematisch übernommen werden; hier ist das Kriterium der Allgemeinheit oder Universalisierbarkeit von Regeln angesprochen (Hayek, 1969); die Überlegung im Text spricht dafür, dass auch von allgemeinen Regeln in gewisssen Fällen Wettbewerbsverzerrungen ausgehen können.

kann mit politischem Geschick eine Strategie der Markteintrittsverhinderung kreiiert werden, indem etablierte Unternehem auf den politischen Entscheidungsprozess gezielt hinwirken, markteintrittsbehindernde Regeln zu schaffen. Insofern können die genannten Institutionen Wettbewerbsprozesse nicht nur verlangsamen oder suspendieren, sondern auch beschränken und verzerren.

Aus der Perspektive eines institutionenökonomischen Ansatzes, wie er oben zugrunde gelegt wurde, fällt die Wirkung von Institutionen auf evolutorische Wettbewerbsprozesse vielschichtig aus. Sämtliche der hier aufgeführten Effekte von Institutionen auf den Wettbewerb sind von Belang, wenn Institutionen im Systemwettbewerb wählbar werden.

2. Ein Konzept des funktionsfähigen Systemwettbewerb

Nach diesen theoretischen Vorbereitungen seien die nationalstaatliche Fiktion eines einheitlichen Regelgebers aufgegeben und die Wettbewerbsfolgen betrachtet, wenn Regulierungsvielfalt herrscht und die Anbieter unter einer Vielzahl nationalstaatlicher Regelgeber auswählen können.

Systemwettbewerb im engeren Sinne zeichnet sich dadurch aus, dass Nationalstaaten ein Freihandelsgebot in einem weitgehenden Sinne anerkennen; sie sehen dabei nicht nur von handelsbeschränkenden Maßnahmen konventioneller Art (Zölle, Importkontingente) ab, sondern erkennen auch Regulierungen jeglicher Art wechselseitig an. Zum Teil vollzieht sich diese Anerkennung implizit und ohne den ausdrücklichen Akt einer Anerkennung durch das Importland. So erkennt etwa ein Land quasi implizit die wettbewerblichen, arbeitsrechtlichen und umweltpolitischen Regulierungen an, unter denen gebietsfremde Anbieter in ihren nationalen Standorten produzieren. Im Falle eines Systemwettbewerbs werden jedoch darüber hinaus produktbezogene Regulierungen der Ursprungsländer *explizit* und *wechselseitig* anerkannt, d.h. es gilt das Ursprungslandprinzip.[44] Der Nationalstaat verzichtet auf diese Weise freiwillig auf eine wichtige Eingriffsmöglichkeit in Marktprozesse: Regulierungen erfassen nur noch die Anbieter des nationalen Standorts, nicht jedoch gebietsfremde Produzenten. Die Territorialität des Rechts beschränkt auf diese Weise politische Handlungsspielräume. Diese Be-

---

[44] Dieses Prinzip gilt in der EU seit der Entscheidung des Europäischen Gerichtshofes in der Sache Cassis-de-Dijon, wobei hier Artikel 28 EGV auszulegen war. Winkler (1999) erörtet die Widerstrebungen der nationalen Regierungen, das Ursprungslandprinzip praktisch anzuwenden.

schränkung verstärkt sich außerdem dadurch, dass heimische Anbieter ihren Standort ins Ausland verlagern können, falls die dortigen Regulierungen einen Wettbewerbsvorteil versprechen. Rechtssubjekte wandeln sich auf diese Weise von Normadressaten zu Nachfragern nach Rechtsordnungen. Soweit zunächst die grundlegenden institutionellen Voraussetzungen des Systemwettbewerbs.

Was die Theorie systemwettbewerblicher Prozesse im engeren Sinne betrifft, wird der Wettbewerb auf Gütermärkten in einem wichtigen Punkt reinterpretiert: Da durch die wechselseitige Anerkennung von Regulierungen unterschiedlich regulierte Produkte auf Gütermärkten konkurrieren, richtet sich die Selektion des Marktes nicht nur auf einzelne Anbieter, sondern zugleich auf die externen Institutionen, unter denen produziert und angeboten werden darf. Erfahren etwa heimische Anbieter gravierende Umsatzrückgänge auf dem inländischen wie auf den ausländischen Märkten, werden mit den Kaufentscheidungen uno actu heimische Regulierungen ausselektiert. Anders als beim Standortwettbewerb um öffentliche Güter (Tibout, 1956) vollzieht sich diese Selektion zunächst ohne Standortverlagerung der selektierenden Wirtschaftssubjekte, d.h. der Nachfrager; *insofern wirkt der Güterwettbewerb als Medium für den institutionellen Wettbewerb.* Erst als Konsequenz können die negativ sanktionierten Produzenten auf die Selektion in der Weise reagieren, dass sie ihren Standort in ein kostengünstigeres Regulierungsregime verlagern. Dabei verlöre der Territorialstaat einen Teil seiner inländischen Normadressaten, die sich für ein attraktiveres institutionelles Angebot entschieden haben.

Idealypischerweise schließt sich an diese institutionelle Arbitragehandlung der Normadressaten (d.h. der mobilen Ressourcen) eine Reaktion seitens der Politik an. Art und Weise dieser Reaktion, vor allem aber der Zeitpunkt einer politischen Reaktion sind zunächst unbestimmt; die politökonomischen Zusatzvoraussetzungen eines funktionierenden Systemwettbewerbs, welche mit diesem wiederum interdependent sein dürften, werden seit einiger Zeit intensiv erörtert (vgl. hierzu Tjiong, 2002, Bratton 1997, Wohlgemuth, 1995; Wegner, 1998). Offensichtlich hat die Politik auf eine institutionelle Standortarbitrage mit institutionellen Anpassungen oder gar Neuerungen zu reagieren, damit dem institutionellen Wettbewerb eine Wettbewerbsqualität im engeren Sinne zukommt und Institutionen als Handlungsparameter im Wettbewerb um mobile Ressourcen eingesetzt werden. Zunächst wird die – aus politökonomischer Sicht – wohl schwache Annahme getroffen, dass eine institutionell bedingte Abwanderung von mobilen Ressourcen von den politischen Akteuren nicht widerspruchslos hingenommen würde, jedenfalls nicht auf Dauer und in unbegrenztem Umfang; die damit einhergehenden Wachstumsverluste transformieren sich über vielfältige Einflusskanäle zu Stimmenverlusten bei Wahlen. Demzufolge wird es – eventuell nach längeren Lernphasen – auch im Eigeninteresse der politischen Akteure liegen, die heimischen Institutionen so anzupassen, dass ausländische Anbieter angelockt werden bzw. inländische von einer Standortverlagerung absehen. Falls die die politischen Akteure ihr territoriales Regulierungsmonopol nicht mehr länger als (ohnehin erorsionsgefährdetes) Herrschaftsinstrument, sondern als Wettbewerbsparameter zu betrachten begönnen, wandelten sie sich zu politischen Unternehmern, indem sie die von ihnen veränderbaren externen Institutionen als Wettbewerbsparameter im Standortwettbewerb einsetzen. Dabei unterliegen sie freilich einer doppelten Kontrolle: nämlich zum einen einer ökonomischen Kontrolle durch die Anbieter mobiler Ressourcen und zum anderen einer demokratischen Kontrolle durch den Stimmenwettbewerb. Von dieser Verzahnung von ökonomischem und politischem Wettbewerb erwarten die Befürworter des Systemwettbewerbs eine Wohlfahrtssteigerung, welche institutionelle Verkrustungen wirkungsvoll aufzubrechen vermag, ein Problem, welches traditionelle Ordnungspolitiker gemeinsam mit Olson nur beklagen konnten, für das sie aber bislang keine überzeugende Lösung zu offerieren wussten (Streit, 1987).

In welchem Maße die Politik den Imperativen des Marktes folgen wird, ist kaum vorherzusagen und es genügt der Hinweis, dass sie in neuartiger Weise gefordert ist, auf institutionelle Wettbewerbsnachteile zu reagieren, um günstige Wettbewerbsbedingungen frühzeitig wiederherstellen zu können; es ist evident, dass es hierzu entsprechender politischer Kompetenzen bedarf.[45]

Dessen ungeachtet bleibt es von ordnungspolitischem Interesse, den Systemwettbewerb von seiner Idealtypik zu durchdenken und zu fragen, ob selbst von einem idealtypischen Systemwettbewerb jene Wohlfahrtswirkung erwartet werden kann, welche die Befürworter ihm zuschreiben. Schließlich wären von unterschiedlichen Antworten entgegengesetzte Schlussfolgerungen ordnungspolitischer Art abzuleiten. Besonders angesprochen ist die These von Streit/Mussler (1996), wonach sich im Systemwettbewerb „Institutionen mit erhöhter Problemlösungsfähigheit durchsetzten“, während Institutionen mit verminderter Problemslösungsfähigkeit ausselektiert werden (Streit/Mussler, 1996, S. 272). Die evolutorische Qualität des Wettbewerbs wird in dieser These quasi verallgemeinert und, eine alte Idee Hayeks aufgreifend, auf Institutionen übertragen; gleichzeitig wird vorausgesetzt, dass der Wettbewerb auf Gütermärkten

---

[45] Vgl. hierzu Wegner (1998).

nach wie vor das leistungsstärkste Güterangebot ausselektiert, d.h. die seit Alchian (1950) betonte Selektionsfunktion des Güterwettbewerbs als intakt angenommen wird. Dem Systemwettbewerb wird also von seinen Befürwortern eine Doppelfunktion zugeschrieben, wonach sich *zugleich* die leistungsfähigsten Institutionen wie die leistungsfähigsten Anbieter durchsetzen.

In einem solchen Sinne wird der Wettbewerb sowohl in Bezug auf Institutionen als auch in bezug auf Marktteilnehmer als funktionsfähig angenommen. Es bleibt jedoch erst noch zu prüfen, ob die vermutete Selektionsqualität des Systemwettbewerbs generell vorhanden ist oder Defekte zu erwarten sind. Diese sollten danach unterschieden werden, ob

- mit Funktionsstörungen zu rechnen ist, die aber der Tendenz nach durch den Systemwettbewerb selbst abgebaut werden,
- dauerhafte Funktionsstörungen eintreten, die auf Anreizdefekten des Systemwettbewerbs beruhen, jedoch durch wettbewerbspolitische Gegenmaßnahmen ausgeglichen werden können,
- dauerhafte Funktionsstörungen eintreten, die durch wettbewerbspolitische Maßnahmen nicht begrenzt werden können, jedoch angesichts eines überwiegend positiven Wohlfahrtsbeitrags des Systemwettbewerbs als tolerabel erscheinen oder aber
- dauerhafte Funktionsstörungen zu verzeichen sind, die zu überwiegend negativen Wohlfahrtsfolgen führen und starke Gründe für eine Eliminierung des Systemwettbewerbs qua international vereinheitlichter Regulierungen liefern.

Es wird hier nachdrücklich für eine solchermaßen abgeschichtete Bewertung des Systemwettbewerbs plädiert, anstatt sich auf die gegenwärtig geführte „Fluch-oder-Segen"-Option im Zusammenhang mit Globalisierungsfragen einzulassen.

Aus verschiedenen Gründen erscheint die oben genannte Selektionsqualität, welche die Befürworter dem Systemwettbewerb zuschreiben, als eine zu starke Normierung; wegen ihres Behauptungscharakters handeln sich ihre Vertreter obendrein die Schwierigkeit ein, mögliche Normverfehlungen empirisch angeben zu müssen, um dem allgegenwärtigen Ideologieverdacht zu entgehen. Das Problem besteht hier grundsätzlich darin, dass eine *marktunabhängige* Definition des leistungsfähigsten Angebots von Gütern bzw. Institutionen gegeben werden muss, womit Wettbewerbsergebnisse entweder in unzulässiger Weise positiv normiert werden (s.u.) oder aber im Zirkelschluss von der Durchsetzung im Wettbewerb auf Überlegenheit geschlossen wird. Demgegenüber schlage ich hier vor, mit einer abgeschwächten Variante des funktionsfähigen Wettbewerbs zu arbeiten. Dabei wird keine Positiv-Definition wünschenswerter Marktergebnisse und wünschenswerter Institutionen vorgegeben, sondern vielmehr im Sinne einer Negativaussage formuliert, welche Wirkungen ausgeschlossen werden sollen: *Von einem funktionsfähigen Systemwettbewerb ist in diesem Sinne zu fordern, dass sich Institutionen mit geringerer Problemlösungsfähigkeit nicht dauerhaft durchsetzen können; gleichzeitig ist auszuschließen, dass Wettbewerber mit geringerer Leistungsfähigkeit (ausgedrückt in Preis/Qualitätsdimensionen) andere Konkurrenten verdrängen können.*[46]

Diese etwas konstruiert anmutende Definition erweist sich als nützlich, weil der Begriff des funktionsfähigen Wettbewerbs nicht in seiner Lehrbuchfassung übernommen werden darf, wenn Wettbewerbsprozesse in ihrer Offenheit theoretisch abgebildet werden sollen (Streit, 1993/1996; Hoppmann, 1975; Wegner, 1991). Hier ist auf die Hayeksche Erkenntnis über die (Nicht-)Bewertbarkeit evolutorischer Prozesse zu verweisen, welche von Hoppmann und anderen gegen einen endzustandsbezogenes Konzept des workable competition á la Clark geltend gemacht worden ist (Multi-goal approach). Andererseits hat eine evolutorische Konzeption die Akzeptanz beliebiger Marktprozesse – etwa als Ausdruck „gelebter Wettbewerbsfreiheit" – zu vermeiden, da man in diesem Fall von der faktischen Durchsetzung in der Konkurrenz auf erwiesene Wohlfahrtssteigerung (kurz-)schließen würde. Ein theoretischer Ansatz, der zu wettbewerbspolitisch gehaltvollen Aussagen vordringen und positivistische Borniertheiten vermeiden möchte, hat durchaus mit der Möglichkeit zu kalkulieren, dass sich unterlegene Wettbewerber am Markt durchsetzen könnten: Denn schließlich bleibt erst noch zu prüfen, ob die Durchsetzung eines Wettbewerbers tatsächlich auf ein überlegenes Leistungsangebot zurückzuführen ist oder auf wettbewerbsbeschränkendem Verhalten beruht, d. h. ökonomische Wohlfahrt begrenzt. Deshalb wäre es unzulässig, die Leistungsfähigkeit *direkt* aus der empirischen Durchsetzung in der Konkurrenz deduzieren zu wollen.

Als Bewertungsmaßstab für die Funktionsfähigkeit des Systemwettbewerbs bieten sich die Nachfragerpräferenzen unmittelbar an.[47] Diese Normierung wettbewerblicher Prozesse besagt im Zusammenhang mit dem oben Ausgeführten, dass das bestehende Güterangebot in Bezug auf die Präferenzen nicht fehlangepasst sein sollte und die in diesem Sinne leistungsfähigsten Anbieter nicht vom Markt verdrängt werden sollten

---

[46] Dabei bleibt der Begriff der Problemlösungsfähigkeit noch zu qualifizieren (s. u.).

[47] Auch die Chicago-School of Anti-Trust hat die Konsumentensouveränität zum alleinigen Bewertungsmaßstab erhoben, so dass der Konsens unter Wettbewerbstheoretikern in dieser Frage als relativ breit anzusehen ist.

bzw. unter nichtleistungsbegründeten Wettbewerbsdruck geraten. Eine solche (schwache) Anforderung ist auf die Viabilität von Institutionen (Penz, 1999) zu übertragen: präferenzinkonforme Institutionen sollten sich im funktionsfähigen Systemwettbewerb nicht durchsetzen können, während Institutionen, welche den Präferenzen der Nachfrager am besten entsprechen, langfristig die beste Durchsetzungschance aufweisen sollten.[48] Es wird sich zeigen, dass bereits mit diesen abstrakten Basisanforderungen, auf die die Wettbewerbstheorie schon häufig zurückgegriffen hat, sowohl die Wohlfahrtsqualität als auch ein grundsätzliches Strukturproblem des institutionellen Wettbewerbs herausgearbeitet werden können – insofern dürfen die Operationalisierungsprobleme, mit denen sich Wettbewerbstheoretiker schon vielfach beschäftigt haben, in diesem Zusammenhang ausgeklammert bleiben. Ich wende mich im weiteren zuerst der Wohlfahrtsqualität zu und verteidige den Systemwettbewerb gegen Einwände seiner Kritiker (Punkt 3). Sodann diagnostiziere ich ein Strukturproblem, welches überraschenderweise auch von den Kritikern übersehen wurde, weil diese an den Systemwettbewerb keine evolutorischen Qualitätsmaßstäbe stellten, sondern eine gleichgewichtstheoretische Denkweise pflegten (Punkt 4).

3. *Selektionsprinzipien des Systemwettbewerbs*

Ich konzentriere mich in erster Linie auf jene Varianten von Regulierungen, bei denen sich der Regulierungszweck innerhalb einer Transaktionsbeziehung realisiert und den Charakter eines privaten Gutes annimmt (s.o.). Da bereits auf die allokationstheoretischen Probleme anderer Regulierungen hingewiesen wurde – insbesonderer solcher, die Kollektivgüter realisieren – wird dieser Regulierungstyp im nachfolgenden aber insoweit angesprochen, als die zuvor gewonnenen Erkenntnisse auch dort zum Tragen kommen.

Betrachten wir zunächst die Wirkung des Systemwettbewerbs auf die Selektionsqualität von Regulierungen; zu fragen wäre, ob durch den Systemwettbewerb ein Selektionsdruck in der Weise aufgebaut wird, dass präferenzinkonforme Regulierungen der Tendenz nach verdrängt werden? Meine Behauptung lautet, dass dies tatsächlich aufgezeigt werden

---

[48] Eine vorübergehende Fehlanpassung liegt in der Natur des evolutorischen Wettbewerbs: Ein Pionierunternehmer deckt mit seinen Markterfolgen uno actu auf, dass das Güterangebot der Vorperiode nicht an die vorhandenen Nachfragerpräferenzen angepasst sein konnte.

kann und dass die häufig vertretetene Gegenthese eines Deregulierungswettlaufes wenig überzeugt.[49] Insbesondere ist schwer zu erkennen, warum der vielfach befürchtete Deregulierungswettbewerb (Race-to-the-bottom) eintreten sollte, wenn sich – wie hier angenommen wird – der Regulierungsnutzen ausschließlich innerhalb einer Transaktionsbeziehung realisert.

Gehen wir realistischerweise davon aus, dass der regulierende Staat bei der Regulierung von Produktqualität und -sicherheit nur unvollkommen Nachfragerpräferenzen realisert. Unter diesen Umständen werden faktische Regulierungen zwar zum Teil von Nachfragerpräferenzen bestimmt sein, zum Teil aber auch von Marktschließungsabsichten der regulierten Industrie, die ihre Einkommensinteressen durch Lobbyismus politisch flankiert. Der Beschränkungseffekt von Institutionen ist dann, wie vielfach in der Literatur seit Stigler (1971) vermutet worden ist, strategisch eingesetzt worden, um den Wettbewerb zu beschränken. Bei Abwesenheit des Systemwettbewerbs bleibt allerdings das jeweilige Gewicht der genannten Einflüsse – Nachfragerpräferenzen versus industrielle Rent-seeking-Interessen – unbekannt. So ist etwa im Falle des Reinheitsgebot des deutschen Bieres vor Einführung des Regulierungswettbewerbs behauptet worden, die inländische Regulierung kongruiere mit den Nachfragerpräferenzen vollständig, weshalb eine institutionelle Öffnung nur zu inferioren Wettbewerbsergebnissen führen könne, die aufgrund von fehlinformierten Nachfragern zu befürchten sei. Hierbei wurde stillschweigend davon ausgegangen, dass eine Präferenz für das altehrwürdige Reinheitsgebot zu unterstellen sei, somit jede Produktsubstitution nur als fehlgeleitetes Käuferverhalten interpretiert werden könne. Da jedoch die Produzenten als Autoren einer solchen Hypothese auftraten, waren Zweifel an dieser Argumentation erlaubt, denn die Regulierung wirkte zugleich als Markteintrittsbarriere für ausländische Wettbewerber.

Durch den institutionellen Wettbewerb wurden diese Zweifel allerdings beseitigt: auch unter Wettbewerbsbedingungen setzte sich das Reinheitsgebot als präferierte Regulierungsvariante (fast ausschließlich) durch. Der Topos des Wettbewerbs als Entdeckungsverfahren, angewandt auf Regulierungen, erhält auf diese Weise präsiseren Gehalt: *der Regulierungswettbewerb hat eine Information erzeugt, die zuvor nicht verfügbar war und die darin besteht, dass sich nur die inländische Regulierungsvariante angesichts von regulativen Wahlmöglichkeiten als präferenzkonform herausstellt.*

[49] Für eine umsichtige Darstellung, die allerdings auch dem Race-to-the-bottom recht großes Gewicht beimisst, vgl. Tijong (2002).

Damit wurde der – keineswegs abwegige – Verdacht ausgeräumt, dass die Regulierung den Marktschließungsabsichten der Produzenten geschuldet ist – eine Information, von der offensichtlich auch die Produzenten überrascht gewesen sein müssen, da ihre Lobbyismusaktivitäten zur Abwehr des Regulierungswettbewerbs ansonsten wohl unterblieben wären.[50]

Diese Interpretation argumentiert unter der Voraussetzung hinreichend informierter Nachfrager. Dabei meint der Begriff der hinreichenden Information, dass die Inhalte unterschiedlicher nationaler Regulierungsregime zumindest insoweit bekannt sein müssen, damit eine präferenzkonforme Wahl von Produkten möglich wird (s. u.). Die Selektionsqualität des institutionellen Wettbewerbs, mithin seine Funktionsfähigkeit, hängt damit vom Informationsstand der Nachfrager wesentlich ab. Andernfalls kann sich der oben beschriebene Informationseffekt von Institutionen, wenn überhaupt, nur unvollkommen, entfalten. Kennen die Nachfrager nicht die Unterschiede zwischen den wählbaren Regulierungsregimen und wenden sie in unzureichendem Maße Informationskosten auf, um ihren Informationsstand anzuheben, kann von der Wahlentscheidung nicht auf zugrunde liegende Güterpräferenzen geschlossen werden. Insofern kann zumindest nicht generell von der Abwahl eines Regulierungsregimes auf seine Unterlegenheit geschlossen werden.

An dieser Stelle eröffnet denn auch Sinn (1997) seine Kritik am Regulierungswettbewerb. Zwar weist er zunächst die prinzipielle Vorteilhaftigkeit („Effizienz") eines Regulierungswettbewerbs nach, da eine Regulierungsvielfalt die Abwägung von Qualitäts- und Kostendifferenzen erlaubt. Daran aber wird eine Fundamentalkritik angeschlossen, welche die bekannte „Race-to-the-bottom-Hypthese" untermauern soll und das Informationsproblem ins Zentrum der Kritik rückt. Behauptet wird eine „Konfusion der Verbraucher" über die jeweiligen nationalen Standards, so dass man nicht unterstellen könne,

> „dass die Konsumenten zwischen nationalen Standards bei der staatlichen Qualitätsregulierung unterscheiden können. Ein Gleichgewicht im Wettbewerb der Regulierungsbehörden ist deshalb durch zu lasche Standards gekennzeichnet. Es ist selbst ein Lemons-Gleichgewicht". (Sinn, 1997, S. 47–48).

---

[50] Eine evolutorische Konzeption des Systemwettbewerbs würde aus diesem Resultat noch nicht folgern, dass sich „ein effizientes Regulierungsregime durchgesetzt hat", sondern vielmehr die Vorläufigkeit des Resultates betonen: werden die unterlegenen Regulierungsformen verbessert anstatt an die gegenwärtig vorgezogene Regulierung angepasst, kann sich idealiter ein vor- und nachstoßender Wettbewerb der Regulierungsregime herausbilden. Insofern ist der realtypische Prozess nur als Beginn eines evolutorischen Wettbewerbsprozesses anzusehen; s. u.

Hier wird vom Prinzip der adversen Selektion des Güterwettbewerbs ausgegangen, wonach ein Anbieter aufgrund asymmetrischer Information unbemerkt eine schlechtere Gutsqualität in das Marktangebot „einschmuggeln“ kann und dadurch seine Gewinne erhöht, wodurch ein Prozess eingeleitet wird, der zum inferioren Lemons-Gleichgewicht führt. Dieses Argument wird analog auf den institutionellen Wettbewerb angewendet.

Gegen die Sinn'sche Argumentation können allerdings Einwände erhoben werden. Zunächst belegt das Beispiel des Reinheitsgebotes, dass mit einer Regulierung im Systemwettbewerb geworben werden kann und sich offensichtlich nicht der „lascheste Standard“ durchgesetzt hat. Es ist sogar umgekehrt denkbar, dass von einem unzureichenden Informationsstand ein Hochregulierungsregime profitiert; möglicherweise diskriminiert die inländische Regulierung in ungerechtfertigter Weise, so dass bei besserem Informationsstand über andere Regulierungsregime auch für diese ein Marktsegment in Deutschland besetzbar gewesen wäre.[51] Insofern kann unzureichende Information die präferenzkonforme Wahl von Regulierungen tatsächlich behindern, wie Sinn befürchtet, jedoch nicht notwendigerweise zulasten von Hochregulierungen. Des Weiteren dürfte eine nachträgliche Qualitätsunterschreitung kaum in der Weise möglich sein, wie dies für den Güterwettbewerb als rationale Handlung beschrieben worden ist. Wäre etwa das inländische Reinheitsgebot aufgegeben und an andere Regulierungsregime angeglichen worden, hätte es sich um einen hoheitlichen Akt gehandelt, der einen öffentlichen Charakter aufweist und deshalb gerade nicht unbemerkt durchgeführt werden kann – insofern unterscheidet sich der Fall von dem eines Gebrauchtwagenhändlers, welcher schlechtere Qualität aufkauft, unbemerkt zum herrschenden Preis weiterveräußert und so aus der unvollständigen Information der Nachfrager eine Rente zieht.

Sinn verabsolutiert das – zweifellos existierende – Informationsproblem beim Regulierungswettbewerb und leitet daraus in unzulässiger Weise die Nicht-Funktionsfähigkeit dieses Wettbewerbs ab. Dies kommt etwa auch in der folgenden Passage zum Ausdruck:

„Wenn der Staat nur jene Güter und Produkteigenschaften reglementiert, die von einem Lemons-Problem betroffen sind, dann ist Vorsicht geboten, denn die Beurteilung der nationalen Standards wird den Verbrauchern ähnliche Probleme bereiten wie die Beurteilung der ‚Standards‘ der einzelnen Produzenten. Im EG-

[51] Hier würde also eine Irreführung der Verbraucher vorliegen, welche eine *Hochregulierung* begünstigt.

Europa gibt es 15 Länder und deshalb pro Produkteigenschaft bis zu 15 Standards. Die Hoffnung, dass die Verwirrung der Verbraucher im nationalen Kontext sich nicht auf das internationale Wahlproblem überträgt, scheint bei den Eigenschaften, um die es geht, abwegig zu sein. Der Gehalt an Dioxan beim Haarwaschmitttel, an Lysozym beim Käse, an Sorbinsäure bei Konserven und Quillajaextrakt und Pylvinylpyrrolidon bei Getränken kann von einem normalen Verbraucher schwerlich auf seine Qualitätsimplikationen hin beurteilt werden. Der Verbraucher ist bei einem privaten Wettbewerb um solche Inhaltsstoffe überfordert, und er ist gleichermaßen außerstande, sich unter den Standards einer großen Zahl von nationalen Regulierungen zurecht zu finden." (Sinn, 1997, S. 47).

Einsichtig genug, jedoch könnte man fragen, ob sich Prozesse der Informationsverarbeitung im Wettbewerb nicht erst dann einstellen können, wenn es etwas zu wählen gibt. Über unterschiedliche Regulierungsinhalte sind Nachfrager solange rationalerweise uninformiert, wie mangels Wahlmöglichkeiten auch keine Informationsanreize bestehen. Es ist indes kaum einsehbar, warum der niedrige Informationsstand eines institutionellen Ausgangssettings – gekennzeichtnet durch Abwesenheit von Wahlmöglichkeiten – bei verändertem Setting mit erhöhten Informationsanreizen fortbestehen würde, d. h. wenn der Regulierungswettbewerb attraktive Kaufoptionen eröffnet.

Auch auf Gütermärkten ist das von Sinn beschriebene Informationsproblem bekannt. Wie das Beispiel der Deregulierung monopolisierter Märkte, etwa im Falle der Telekom, hinlänglich belegt, kann als Inititialwirkung eines eröffneten Wettbewerbs zunächst eine Informationsüberflutung resultieren, für die sich später aber eigene Verarbeitungsformen entwickeln: So setzen Lernprozesse ein, die den Informationsstand anheben, es bilden sich vorgelagerte Märkte, auf denen spezialisierte Informationsdienstleister Markttransparenz erzeugen etc. Überdies können Regulierungsregime aufgrund von Lernprozessen eine Reputation erlangen, die den Nachfragern Produktqualität signalisiert und von einer Detailkenntnis der Regulierung entlastet. Insgesamt reduzieren Regulierungen informationelle Komplexität und eröffnen den Nachfragern präferenzkonforme Wahlmöglichkeiten, ohne dass sie den Gehalt von Quillajaextrakt bei Getränken u. ä. zu kennen brauchen. Sinn stellt überzogene Informationsanforderungen an den Regulierungswettbewerb und unterschätzt damit die informationsentlastende Wirkung von Institutionen, die sich erst im Prozessverlauf entfaltet. Hätten Nachfrager soviel an Detailkenntnis von Produkten zu erwerben, wie Sinn voraussetzt, wäre überdies die Funktionsfähigkeit jeglichen Wettbewerbs in Frage gestellt, der ja auch unter einem einheitlichen Regulierungsregime immer wesentlich als Qualtitätswettbewerb bei asymmetrischer Information ausgetragen wird.[52] Hier wie dort tragen Informationsprozesse und der Wettbewerb um Reputation dazu bei, unerwünschte Wahlhandlungen zu korrigieren und einen Prozess der Wohlfahrtssteigerung einzuleiten, ohne jemals vollständige Markttransparenz herzustellen.

Dies jedenfalls ist die Quintessenz eines evolutorischen Marktverständnisses, welches vom walrasianischen Marktmodell entscheidend abrückt. Wenn Sinn in diesem Zusammenhang gegen das Prinzip der spontanen Ordnung einwendet, dass hieraus eine Instabilität resultiert, so markiert er einen treffenden Punkt; der Gegeneinwand lautet freilich, dass Instabiltität als unumgänglicher Preis jeglichen Innovationswettbewerbs auftritt und hierin keine „Unordnung“ gesehen werden darf. Ein (post-) hayekianisches Wettbewerbsverständnis macht nämlich geltend, dass (1) Wettbewerb im Allgemeinen auf Produktdifferenzierung anstatt -homogenisierung hinausläuft, (2) gemeinhin alle Akteure, den Beobachter eingeschlossen, von den Ergebnissen des Wettbewerbs überrascht werden und (3) diese Ergebnisse transitorischer Natur sind.[53] Die ersten beiden Feststellungen sprechen gegen Meritorisierungen des Wettbewerbs jeglicher Art – die Harmonisierungsoption eingeschlossen –, die dritte für die Installierung eines Trial- and Error-Verfahrens durch Regulierungswettbewerb. Wenn wir davon ausgehen müssen, dass Nachfragerpräferenzen (hier: bezüglich der Qualität von Gütern) divergieren, so kann diese Präferenzenvielfalt durch ein einheitliches, suprastaatliches Regulierungsregime nur begrenzt bedient werden. Regulierungsvielfalt bietet hier grundsätzlich bessere Möglichkeiten für präferenzkonforme Regulierungen, da keine pauschalen Durchschnittslösungen gefunden werden müssen. Die Bürger Europas dürfen jetzt durchaus unterschiedlicher Meinung darüber sein, wieviel Weingeistgehalt ein guter Likör besitzen sollte, um als Likör verkauft werden zu dürfen und ob Blauschimmelkäse als Cambozola verkauft werden darf. Und sie brauchen sich mit ihrer Meinung nicht auf Dauer festzulegen, da sie Regulierungen kurzfristig abwählen können. Regulierungswettbewerb installiert einen Anreiz für die politischen Akteure, die Angepasstheit ihrer nationalen Regulierungs-

---

[52] Sinn unterläuft eine petitio principii, wenn das von ihm so bezeichnete Selektionsprinzip (es ist in einem anderen Sinne als hier gemeint) als Beweisgrund für ein einheitliches Regulierungsregime angeführt wird. Darunter versteht Sinn, dass Regulierung als legitime staatliche Tätigkeit anzusehen ist, weil man es „den Privaten nicht selbst überlassen kann“ (ebd. S. 10), womit aber nur definitorisch abgeleitet worden ist, dass eine präferenzkonforme Wahl von Regulierungen im Systemwettbewerb nicht möglich ist, weil sie dem „Selektionsprinzip widerspricht“ (ebd. S. 47).

[53] Vgl. auch Kerber (1998).

regime phasenweise zu überprüfen, wenn hieraus Standortnachteile resultieren; dadurch werden Regulierungen a priori als revidierbar ausgezeichnet. Zugleich erhöht sich die Anpassungsgeschwindigkeit der Regulierungen an einen Präferenzenwandel im Vergleich zu einem einheitlichen, suprastaatlichen Regulierungsregime. Während der Trial-and-Error-Prozess im Falle des Systemwettbewerbs institutionell verankert ist, bleibt er bei der Harmonisierungslösung grundsätzlich der Benevolenz politischer Akteure ausgeliefert. Welchen Anreiz sollten sie haben, mühevoll gefundene suprastaatliche Kompromisse neu zu verhandeln, um Regulierungen an gewandelte Nachfragerpräferenzen anzupassen? So gesehen ist die „Instabilität" der spontanen Ordnung positiv zu werten, während die Stabilität einer Harmonisierungslösung für die Möglichkeit systematischer Präferenzverfehlungen spricht, möglicherweise sogar begleitet von Regulierungs*defiziten* (s. u.).[54]

Hier wird kein apodiktischer Marktpositivismus vertreten, der das reale Wettbewerbsgeschehen als Beweis für seine „Effizienz" nimmt. Informationskosten können durchaus zu einer vorübergehenden Fehlselektion unerwünschter Regulierungsregime führen.[55] Marktintransparenz begründet jedoch keinen generellen Einwand gegen den Wettbewerb der Regulierungsregime. Genauso, wie es abwegig wäre, die Informationsfülle auf Gütermärkten zum Anlass für eine Standardisierung von Produktqualitäten zu nehmen (drei Motorrollertypen, 2 Radiomodelle, Standardgartenerde etc.), ist auch eine normierte Regulierung von Produkten als bevormundende Beschränkung von Präferenzen zu betrachten. Die neuen Wettbewerbselemente, welche durch Regulierungsvielfalt geschaffen werden, erzeugen zwar ein Infomationsproblem, *jedoch eines, welches innerhalb der Lösungskompetenz von Märkten liegt.* Insofern markieren sie kein systematisches Funktionsdefizit des Systemwettbewerbs, auch wenn man allein aus der Chance für eine präferenzkonforme Aus-

---

[54] Die vermeintlichen Gefahren eines Regulierungswettbewerbs werden von Sinn übertrieben dargestellt („kein Europäer möchte seine Haare nach dem Waschen verlieren"; ebd. S. 48), zumal er sogleich feststellt, dass die „Präferenzen der Europäer in dieser Hinsicht hinreichend homogen" sind. Gerade bei weitgehend homogenen Präferenzen hinsichtlich Produktsicherheit ist schwer ersichtlich, warum Konsumenten einem Sicherheitsrisiko durch Systemwettbewerb ausgesetzt seien sollten und nicht den Regulierungen anderer Länder vertrauen dürften; abgesehen davon sollte Systemwettbewerb stets eingeschränkt werden dürfen, wenn begründete Vermutungen für solche Risiken bestehen (etwa im Sinne von Art. 30 EGV).

[55] Insofern mag die These von Streit/Mussler (1996) hier berechtigte Kritik provozieren.

richtung von Regulierungen, wie sie der Systemwettbewerb bietet, noch nicht auf ein tatsächliches Geschehen schließen kann.

Aus einer Hayekianischen Sicht wäre es unzulässig, von Informationsunvollkommenheiten auf Marktversagen zu schließen; vielmehr bilden sie einen wesentlichen Grund, Märkte einzusetzen. Mit der Diagnose unvollständiger Information *als Ausgangspunkt* von Marktprozessen lässt sich noch kein Marktversagensargument verbinden. Es müsste schon gezeigt werden, dass die Erhöhung von Informationsständen im Verlauf eines Marktprozesses an systematischen Hindernissen scheitert (z. B. weil kein Anreiz zur Informationsgewinnung besteht) *und zugleich die Ausschaltung von Wettbewerb – hier des instiutionellen Wettbewerbs – nicht mit ähnlich schwerwiegenden Informationsproblemen behaftet ist.* Gerade hier drängt sich die Frage auf, welchen Anreiz die staatlichen Regulierer besitzen sollten, die tatsächlichen Regulierungspräferenzen der Nachfrager zu identifizieren (d. h. gegen Marktschließungspräferenzen der Anbieter durchzusetzen). Insofern spricht alles dafür, Regulierungswettbewerb zuzulassen: er bietet eine Chance, wenn auch keine Garantie, Nachfragepräferenzen auf lange Sicht besser zu bedienen, als dies ohne Regulierung bzw. unter einem Regulierungsmonopol geschehen könnte.

Das Ergebnis des Regulierungswettbewerbs muss systembedingt als offen gelten; ergebnisorientierte Prognosen sind mit entsprechender Ungewissheit behaftet. Die Brüchigkeit der Race-to-the-bottom-Hypothese ist bereits thematisiert worden. Wenn sich geeignete Verfahren der Informationsbewältigung herausgebildet haben (Lernen, Reputation, vorgelagerte Märkte), werden die Nachfrager jene Regulierungsstandards gefunden haben, welche die von ihnen gewünschten Qualitätsniveaus von Produkten garantieren. Die resultierende Regulierungsvielfalt wird dann (weitgehend) von den Präferenzen und ihrer Heterogenität sowie ihrem Wandel bestimmt sein.

So ist einerseits denkbar, dass Hoch- und Regulierungsregime koexistieren, wenn entsprechend große Präferenzengruppen parallel bestehen. In diesem Falle könnte es für ein Hochregulierungsland ökonomisch unattraktiv sein, einen niedrigen Regulierungsstandard zu übernehmen (weil der Absatz für hochregulierte Produkte hiermit aufgegeben werden müsste), ebenso kann ein Land mit niedrigen Standards eine Beibehaltung seiner Regulierungen (aus den analogen Gründen) präferieren.[56]

---

[56] Pelkmans/Sun (1994) berichten, dass das Prinzip der wechselseitigen Anerkennung von Produktregulierung zu einer Art doppelten Regulierung führen kann: Exporteure akzeptieren freiwillig einen höheren Regulierungsstandard für das Exportland, weil angsichts der Präferenzen keine Absatzchancen für den nied-

Vorstellbar ist andererseits ein Race-to-the-top der Regulierungen bei entsprechender Zahlungsbereitschaft der Nachfrage. Um wieder auf das Reinheitsgebot des Bieres zu rekurrieren, könnte der Wettbewerbsvorteil eines deutschen Regulierungsregimes dadurch aufgezehrt werden, dass andere Länder diesen Regulierungsstandard übernehmen und die Nachfrager dies wissen. Um den Wettbewerbsvorteil für inländische Anbieter zu erhalten, könnten sich die politischen Akteure des Inlands zu einer Verschärfung des Regulierungsstandards veranlasst sehen und etwa den Einsatz von Pestiziden beim Hopfenanbau untersagen. Entwickeln sich daraus Wettbewerbsvorteile für die inländischen Produzenten, setzt ein uptrading ein, welches bislang unbefriedigte Regulierungspräferenzen aufdeckt und auf ein bisheriges Regulierungs*defizit* hinweist.[57]

Es ist zumindest denkbar, dass diese Effekte auch bei solchen Regulierungsfällen eintreten, die gemeinhin der Kollektivgutproblematik zugeordnet werden und für die häufig pauschal gefordert wird, sie jeglichem Wettbewerb zu entziehen. In Betracht kommen Regulierungstatbestände, für deren Realisation individuelle Zahlungsbereitschaften bestehen, obwohl der Regulierungsnutzen nicht (allein) individuell anfällt: so können Individuen in ihren Güterpräferenzen den Umstand einbeziehen, ob durch das Herstellungsverfahren eines Produktes die Umwelt belastet worden ist oder soziale Mindeststandards eingehalten werden. Wenn die Reichweite individueller Präferenzenbildung jenen Nahbereich überschreitet, den ein Beobachter „objektiv" als Individualnutzen abgesteckt hat, kann sich das Kollektivgutproblem abschwächen, günstigenfalls sogar auflösen. In diesem Fall etwa würden Individuen ihre Kaufentscheidung als Beitrag für ein kollektives „Ungut" perzipieren und dieses Faktum in die individuelle Bewertung des Gutes einfließen lassen. Beispiele hierfür wären etwa unterlassene Käufe von Edelhölzern, die zu einer Dezimierung tropischer Regenwälder führen, unterlassene Käufe von Produkten unterhalb sozialer Mindeststandards etc., d. h. Fälle, in denen das kollektive „Ungut" nicht in einem strengen Sinne der individuellen Nutzensphäre zufällt.

Da solche Fälle – von Frey unter dem Stichwort der „intrinsischen Motivation" verschiedentlich behandelt – empirisch existieren, muss nicht a priori in Richtung einer Harmonisierungsoption gedacht werden, auch

---

rigeren Regulierungsstandards bestehen, produzieren für das Inland aber weiterhin unter dem niedrigen Regulierungsstandard (Pelkmans/Sun, 1994, S. 188)

[57] Für eine empirische Studie zur „Race-to-the-bottom"-Hypothese vgl. Genschel/Plümper (1997).

wenn aus Beobachtersicht ein Kollektivgutproblem angezeigt scheint.[58] Vielmehr können die Wettbewerbskräfte eingesetzt werden, indem der Informationseffekt von nationalen Regulierungsregimen gestärkt wird; auf diese Weise können Individuen die Kausalwirkung zwischen individueller Kaufentscheidung und Produktion eines kollektiven Ungutes unmittelbar erkennen und so von nicht präferierten Regulierungsregimen absehen. Auch die Schwierigkeit internationaler Vereinbarungen zur Herstellung einer Harmonisierungslösung, die der Papierform nach schnell als überlegene Lösung erscheint, legt nahe, begleitend auf die Selektionswirkung eines Regulierungswettbewerbs zu setzen.[59]

Abgesehen davon können Befürworter des Regulierungswettbewerbs durchaus die Möglichkeit eines Race-to-the-bottom einräumen, daran jedoch die Frage anschließen, worin ein Wohlfahrtsverlust bestehen soll, wenn das Race-to-the-bottom eine Präferenzannäherung bedeutet.[60] Eine Deregulierung unter dem Druck des Systemwettbewerbs wäre unter den gemachten Voraussetzungen vielmehr als präferenzkonforme Korrektur anzusehen, weil ein ungerechtfertigter Beschränkungseffekt von Institutionen aufgelöst wird. Gerade in dieser Hinsicht trägt der Systemwettbewerb zu einer Auflösung verkrusteter Institutionen bei; denn die Anreize der politischen Akteure bei Abwesenheit von Systemwettbewerb fallen besonders gering aus, Regulierungen und Präferenzen zur Deckung zu bringen. Eine Deregulierung als Wettbewerbsresultat wäre dann vielmehr als Ausdruck eines funktionsfähigen Systemwettbewerbs anzusehen.[61]

---

[58] Vgl. etwa Frey (1992) und Frey/Oberholzer-Gee (1997).

[59] Der entscheidende Vorteil dieser Lösung ist darin zu sehen, dass die Selektion aus der politischen Sphäre in die Individualsphäre verlagert wird, so dass eine Selektionswirkung mit dem freien Welthandel vereinbar gemacht wird. Ansonsten sind internationale Abkommen stets mit dem Problem belastet, dass eine politisch vereinbarte Selektion als Handelsbeschränkung perzipiert wird und damit entsprechend konfliktträchtig ausfällt.

[60] Dieser Punkt wird etwa bei Tjiong (2002) vernachlässigt.

[61] Problematisch erscheint allerdings die Begründung der Monopolkommission (1998), wonach ein Race-to-the-bottom aufgrund einer geringen Faktormobilität nicht zu befürchten sei. Eine zu geringe Faktormobilität begrenzt nämlich auch den Systemwettbewerb. Es gäbe auch keine Garantie dafür, dass der vom Systemwettbewerb ausgelöste Deregulierungsdruck nur übergangsweise positive Wirkung entfaltet und über das wünschenswerte Maß hinaus anhält. Insgesamt fällt die Beurteilung des Systemwettbewerbs seitens der Monopolkommission zu pauschal aus, weil das Zusammenspiel von Institutionen und Marktprozessen kaum näher analysiert worden ist.

Die prinzipielle Fuktionsfähigkeit eines Systemwettbewerbs ist nach dem oben Gesagten zu erwarten. Friktionen lassen sich zwar ausmachen, sind jedoch normaler Bestandteil jeder Form von Wettbewerb und können grundsätzlich in Wettbewerbsprozessen abgebaut werden, so dass die Selektionsrichtung auf die Qualitätsvorstellungen der Nachfrager langfristig zielt. Damit entbehren die Hindernisse des Systemwettbewerbs jenes grundsätzlichen Charakters, den ihm gleichgewichtsorientierte Autoren mit ihrem Marktversagensverdikt beimessen.

4. Zum Trade-off zwischen funktionsfähigem System- und Güterwettbewerb

Allerdings garantiert ein solcher institutioneller Wettbewerb nicht mehr notwendigerweise einen funktionsfähigen Wettbewerb auf Gütermärkten, d.h. die Selektionswirkung des Güterwettbewerbs kann nunmehr verzerrt sein. Diese Möglichkeit resultiert aus der Tatsache, dass unter den Anbietern auf den Gütermärkten Regelgleichheit aufgehoben worden ist und unter spezifischen Bedingungen einzelne Anbieter benachteiligt sein können, andere hingegen eine Marktposition erlangen können, welche nicht ihrer Leistungsfähigkeit geschuldet ist. Der Beschränkungseffekt von Institutionen verursacht auch eine Wettbewerbsverzerrung.

Dazu sei der Fall eines hohen inländischen Regulierungsniveaus betrachtet, welches sich im Systemwettbewerb als nicht durchsetzungsfähig erweist; d.h. die Nachfrager (oder auch nur ein Teil der Nachfrager) im Inland würden auch ein niedrigeres Regulierungsniveau akzeptieren, was durch die Nachfrage nach niedrig regulierten Produkten geoffenbart wird. Das höhere Regulierungsniveau im Inland ist jedoch für die inländischen Anbieter verpflichtend. Diese erfahren also bis zu einer Anpassung der Regulierung durch die Regierung einen Kostennachteil gegenüber ausländischen Konkurrenten, woaus ein Wettbewerbsnachteil resultiert, im Extremfall verbunden mit der Möglichkeit einer Marktverdrängung. *Der Wettbewerbsnachteil wäre allerdings regulierungsbedingt und nicht effizienzbedingt.* Aus diesem Umstand heraus können sich im Wettbewerb Anbieter durchsetzen, die lediglich aufgrund der nationalen Regulierung ihres Ursprungslandes im Vorteil sind, sich bei Regelgleichheit aber als ineffizienter erweisen würden. Der Effizienzvorteil eines inländischen Anbieters könnte also durch den regulierungsbedingten Nachteil aufgehoben werden. Nach den oben angelegten Kriterien wäre die Funktionsfähigkeit des Güterwettbewerbs nunmehr beeinträchtigt, weil die Selektionswirkung verzerrt worden ist. *Somit wäre der Preis eines funk-*

tionsfähigen Wettbewerbs der Institutionen ein nichtfunktionsfähiger Wettbewerb auf Gütermärkten.[62]

Die Stärke dieses Effektes hängt zum einen von den Kosten der Standortverlagerung ab; selbstverständlich tritt eine Wettbewerbsverzerrung auch dann ein, wenn auf die Standortverlagerung angesichts ihrer Kosten verzichtet wird. Da letztere nicht nur branchenbezogen, sondern auch zwischen unterschiedlichen Größenklassen von Firmen differieren, können Wettbewerbsverzerrungen (etwa zulasten von mittelständischen Firmen) in differenzierter Form auftreten. Zum anderen aber bestimmt die Reaktionsgeschwindigkeit des politischen Entscheidungsprozesses die Dauer der Wettbewerbsverzerrung; je langsamer der wirtschaftspolitische Prozess reagiert, also den Standortnachteil von Regulierungen perzipiert und korrigiert, desto schneller werden sich die Normadressaten zu einer Standortverlagerung veranlasst sehen und je stärker fallen die Kosten der Standortverlagerung ins Gewicht.[63]

Dieser eindeutige Effekt der Wettbewerbsverzerrung auf Gütermärkten legt die Frage nahe, ob durch geeignete ordnungspolitische Maßnahmen eine Wiederherstellung des funktionsfähigen Wettbewerbs grundsätzlich möglich erscheint. Angesprochen sind hier die zu Beginn erwähnten „Regeln für den Systemwettbewerb", die auf internationaler Ebene vereinbart und durchgesetzt werden müssten (Vanberg, 2000). Solche Regeln heben den Systemwettbewerb nicht wie im Falle der Harmonisierungslösung auf, sondern kanalisieren den Wettbewerb, indem sie das Handeln der Nationalstaaten eingrenzen. Diese bislang nur abstrakt gebliebene Spekulation seitens der Befürworter des Systemwettbewerbs lässt sich tatsächlich substantiieren, wie gleich deutlich wird. Ich spiele dazu zwei ordnungspolitische Varianten durch, die die Möglichkeit eines funktionsfähigen Systemwettbewerbs in Aussicht stellen. Dabei mindert allerdings die erste Variante die Anreize für einen dynamischen Wettbewerb der Regulierungen, welcher gerade aus einer evolutorischen Wettbewerbskonzeption her zu wünschen sind. Eine zweite ordnungspolitische Variante würde unser Trade-off-Problem auflösen, steht jedoch in so starkem Kontrast zu den (kurzfristigen) Eigeninteressen der politischen Akteure, so dass auf ihre Umsetzung besser nicht spekuliert werden sollte.

---

[62] Es ist in diesem Zusammenhang unerklärlich, wie die Monopolkommission in einem Sondergutachten zum Systemwettbewerb zu der Feststellung gelangt, eine sinnvolle ökonomische Begründung für die Schaffung eines Level Playing Field ließe sich nicht finden (Monopolkommission, 1998, S. 10). Stellen Wettbewerbsbeschränkungen auf Gütermärkten ein Argument dar, welches die Monopolkommission verwerfen würde?

[63] Vgl. hierzu Wegner (1998).

1. Lösungsoption: Aufhebung des staatlichen Regulierungsmonopols

Das staatliche Regulierungsmonopol sei aufgehoben und eine Wahlmöglichkeit von Regulierungen auch für die Güterproduzenten eingeführt (anstatt nur für die Nachfrager auf Gütermärkten). Anbieter in Deutschland könnten dementsprechend auch hierzulande ein französisches oder spanisches Regulierungsregime anwenden, wenn davon Wettbewerbsvorteile erwartet werden (und vice versa). Auf diese Weise verzichten die Nationalstaaten auf ihr territoriales Regelsetzungsmonopol, um mögliche Wettbewerbsverzerrungen zulasten inländischer Produzenten zu vermeiden. Ein solcher Verzicht könnte von den Nationalstaaten selbständig erfolgen und bräuchte nicht auf internationaler Ebene vereinbart werden. Nationalstaaten betätigen sich dann wie „echte" Wettbewerber ohne Absatzgarantie für ihr institutionelles Angebot.[64]

Die erhöhte institutionelle Wahlmöglichkeit würde zunächst die Informationskosten für Nachfrager erhöhen, da von dem Firmensitz nicht mehr auf das angewendete Regulierungsregime geschlossen werden kann; insofern hängt die präferenzkonforme Auswahl von Regulierungsregimen – und damit die Funktionsfähigkeit des institutionellen Wettbewerbs – wiederum davon ab, inwieweit die Nachfrager ihren Informationsstand erhöhen. Nach dem oben Ausgeführten ist diese Funktionsfähigkeit aber nicht prinzipiell eingeschränkt, da die Informationsprobleme im Lösungshorizont von Märkten liegen. Für die Anbieterseite ist die Situation insofern verändert, als die Wahl eines Regulierungsregimes von der Standortwahl abgekoppelt ist; mithin entsteht keine Inländerdiskriminierung mehr, welche die Funktionsfähigkeit des Güterwettbewerbs beschränkt. Analog können weniger effiziente Anbieter keine regulierungsbedingten Wettbewerbsvorteile mehr erwarten.[65]

Somit sind die oben festgestellten Wettbewerbsverzerrungen beseitigt. Für den institutionellen Wettbewerb ist sogar eine beschleunigte Selektion des gegenwärtig attraktivsten Regulierungsregimes zu erwarten, da die Wahl eines Regulierungsregimes nicht mehr an die Kosten der Standortverlagerung gekoppelt ist. Insofern bietet sich diese Lösungsvariante an, sollten sich die Nationalstaaten zu einer derart weitgehenden Beschränkung hoheitlicher Regelsetzungskompetenz bereit finden.

Diesem Vorteil steht jedoch eine entscheidende Anreizschwächung für den institutionellen Wettbewerb gegenüber, der wohlgemerkt als ein Ent-

---

[64] Vgl. Kerber (1999b).

[65] Angesichts dieser Vorteile überrascht es etwas, dass die Monopolkommission diese Lösungsvariante gar nicht erwogen hat.

deckungsverfahren für (De-)Regulierungswünsche von Nachfragern funktionieren soll. Es ermangelt dann nämlich eines statischen Referenzkonzepts des „optimalen Regulierungsregimes"; stattdessen lässt sich nur von vorläufig präferierten Regulierungen sprechen. Wandeln sich die Präferenzen für Regulierung oder Deregulierung, wachsen den Produzenten lediglich transitorische Wettbewerbsvorteile zu. Einem evolutorischen Wettbewerbsverständnis zufolge fällt den staatlichen Anbietern von Regulierungen (d.h. den Regierungen) die Aufgabe zu, die Angepasstheit ihrer Regulierungen laufend zu überprüfen und zugleich neue, bislang unbefriedigte (De-)Regulierungspräferenzen zu identifizieren.[66] Diese innovatorische Qualität des Regulierungswettbewerbs wird jedoch durch den obigen Vorschlag entscheidend geschwächt. Wird den Produzenten eine freie Wahlmöglichkeit eingeräumt, entfällt der Anreiz für die politischen Akteure, nationale Regulierungsregime anzupassen. Weder brauchen sie auf eine Abwanderung mobiler Ressourcen zu reagieren, noch könnten sie durch ein attraktiveres Regelangebot mobile Ressourcen aus dem Ausland anlocken. Die Sanktionswirkung fehlangepasster Institutionen entfällt ebenso wie die mögliche „Innovationsrente" aufgrund der Entdeckung neuer (De-)Regulierungspräferenzen. Insofern können sich Nachfragerpräferenzen nur an das verfügbare Regelangebot richten. Da die politischen Kosten einer Regeländerung den Nutzen für die politischen Akteure übersteigen, wird das bestehende Regelangebot konserviert.[67] *Mit anderen Worten: soll der Regulierungswettbewerb als Entdeckungsverfahren verlaufen, wird die Inländerdiskriminierung funktional benötigt.* Erst unter der Sanktionsdrohung einer Abwanderung oder der Aussicht auf Attrahierung mobiler Ressourcen bleiben die Anreize für den institutionellen Wettbewerb intakt. Von daher löst dieser Vorschlag nicht unser Problem, die Funktionsfähigkeit beider Wettbewerbe zu garantieren.

2. *Lösungsoption: Subventionierung der Abwanderungskosten*

Ein prima facie abwegiger Vorschlag stellt allerdings die gesuchte Lösung dar. Danach verpflichten sich die Nationalstaaten gegenseitig, abwanderungswillige mobile Ressourcen für die Kosten der Abwanderung zu

---

[66] Dieses Verständnis wird auch explizit seitens der Monopolkommission (1998) in ihrem Sondergutachten zugrunde gelegt.

[67] Diesem Umstand ließe sich nur dadurch abhelfen, dass die Regulierer eine Lizenzgebühr erheben, wenn gebietsfremde Anbieter die Regulierung wählen.

kompensieren. Ohne eine solche Verpflichtung käme man nicht aus; denn die Staaten würden sich evidentermaßen kurzfristig selbst schädigen. Warum hierdurch jedoch die Funktionsfähigkeit Systemwettbewerbs hergestellt ist, zeigt eine einfache Überlegung.

Zunächst erfährt die Funktionsfähigkeit des Wettbewerbs auf Gütermärkten eine Verbesserung. Das oben geschilderte Problem einer Wettbewerbsverzerrung würde nicht mehr auftreten, da Anbieter aus vorteilhaften Regulierungsregimen nicht mehr vor der Konkurrenz durch effizientere Wettbewerber geschützt werden, die entweder die Kosten der Standortverlagerung zu tragen haben oder angesichts dieser Kosten auf eine Standortverlagerung verzichten. Die Inländerdiskriminierung ist also aufgehoben und der Wettbewerb auf Gütermärkten funktionsfähig.

Letzteres gilt aber auch für den institutionellen Wettbewerb. Mit der – aus Sicht der politischen Akteure – selbstschädigenden Subvention erhöht sich für die Politik die Sanktionswirkung für fehlangepasste Institutionen. Indem sie zur Beschleunigung eines Standortwechsels selbst beiträgt, stärken sich die Anreize für eine fortwährende Überprüfung des gegenwärtigen Regelangebotes und zur Identifikation neuer attraktiver Regelangebote. Die Politik steht auf diese Weise unter erhöhtem Druck, im Hinblick auf die standortwirksamen Institutionen wettbewerbsorientiert, also unternehmerisch zu handeln. Die politische Reaktionsgeschwindigkeit würde dramatisch zunehmen und auf einen funktionsfähigen Systemwettbewerb hinwirken. Ohne die praktische Ausgestaltungsvariante des Vorschlags näher zu erörtern, bleibt hier nur auf das Problem hinzuweisen, dass das Motiv für die Abwanderung zu überprüfen bleibt. Weichen die Produzenten nämlich nicht aufgrund eines unattraktiven Regulierungsangebotes aus, sondern suchen neue Exportmärkte zu erschließen, würde die Subvention aufgrund ihrer Dumpingwirkung eine Wettbewerbsverzerrung auf Gütermärkten *hervorrufen*.

Diese Lösungsoption braucht zwar auf ihre politische Durchsetzungschance kaum ernsthaft in Erwägung gezogen werden, offenbart jedoch eine Erkenntnis: anders als zumeist vermutet ist zur Wiederherstellung eines funktionsfähigen Güterwettbewerb eine Regelgleichheit (Levelling Playing Field) nicht zwingend erforderlich. Subventionierung der Abwanderungskosten wirkt äquivalent zu einem Levelling Playing Field, hält jedoch die Anreize für einen institutionellen Wettbewerb aufrecht. Es existiert zumindest eine theoretische Chance, die Wettbewerbsgleichheit auf den Gütermärkten zu wahren *und zugleich* einen anreizkompatiblen institutionellen Wettbewerb einzuführen.

Diese elementaren Überlegungen zeigen, dass praktikable (Meta-) Regeln für den Systemwettbewerb kaum in Sicht sind und stützen darum die oben aufgestellte These von einer Trade-off-Beziehung: *Die Vorteile des Systemwettbewerbs werden mit Defiziten der Funktionsfähigkeit des Güterwettbewerbs erkauft.* Die Trade-off-Beziehung erscheint von einer ordnungspolitischen Konzeption des Systemwettbewerbs her geradezu zwingend. Wenn inländische Regelanbieter (d. h. die politische Akteure) auf ein unattraktives Regelangebot aufmerksam werden sollen, müssen Wettbewerbsnachteile signalisiert werden, damit eine politische Korrektur erfolgen kann. Das Eintreten von Wettbewerbsnachteilen kann also gar nicht verhindert werden, während eine Regelanpassung, die diesen Wettbewerbsnachteil ausgleicht, erst für künftige Perioden wirksam wird. Auch in diesem Falle wäre der politische Handlungserfolg nicht garantiert, denn schließlich geht es in einer evolutorischen Konzeption nicht allein um eine imitatorische Anpassung der Institutionen an ein vermeintlich optimales Regime, sondern auch um die Entdeckung neuer Regulierungspräferenzen. Eine Versuch-und-Irrtumsphase der Regelkorrektur ist somit unumgänglich, die freilich auf Kosten der inländischen Produzenten zu betreiben ist. *Funktionsstörungen des Güterwettbewerbs werden für einen funktionsfähigen institutionellen Wetttbewerb also von der Logik her benötigt.*

IV. Resümee und künftige Forschungsfragen

Der oben herausgearbeitete Punkt beschreibt die offene Flanke des Systemwettbewerbs. Die wettbewerbspolitische Problematik wird bereits erkennbar, wenn – wie hier geschehen – eine lediglich schwache Norm der Funktionsfähigkeit zugrunde gelegt wird, die sich nicht des Hayekschen Einwandes einer zu starken Normierung evolutorischer Prozesse aussetzt. Aus einer klassischen Hayekschen Position wäre in diesem Zusammenhang ohnedies die Frage nach der Regelgerechtigkeit einer spontanen Ordnung zu stellen. Da Hayek bekanntlich gerade aus der Regelgleichheit – statt aus den Marktergebnissen – die Gerechtigkeit der spontanen Ordnung ableitet und gegen den Begriff der sozialen Gerechtigkeit verteidigt, avanciert Regelgleichheit zu einer ordnungspolitischen Norm, deren Wiedereinsetzung Hayek in einem anderen Kontext nachdrücklich fordert. Im Zusammenhang mit dem Systemwettbewerb liegt die Frage nahe, warum auf Märkten effiziente Wettbewerber benachteiligt werden sollen, wenn nationale Regierungen eine Reform ihrer Institutionen versäumen.

Man mag einwenden, dass die Forderung nach Regelgleichheit im internationalen Kontext schlechterdings nicht erfüllbar ist und zu mehr oder weniger willkürlichen Handelsbeschränkungen führen würde.[68] So gesehen stellen Abstriche an dieser ordnungspolitischen Norm den Preis für die Vorteile der internationalen Arbeitsteilung dar. Bei dieser Lesart bleibt jedoch zu beachten, dass die Befürworter des Systemwettbewerbs (wie etwa die Monopolkommission) eine Regelungleichheit nicht etwa in Kauf nehmen, sondern gleich zur ordnungspolitischen Norm erheben und auch erheben müssen, wenn die innere Logik des Systemwettbewerbs gewahrt werden soll. Insofern bedarf die zugemutete Wettbewerbsverzerrung umso mehr einer Erläuterung und Rechtfertigung. Eine ordnungspolitisch reflektiertere Betrachtungsweise würde denn auch eher dazu tendieren, die Vorteile des Systemwettbewerbs gegen die Wettbewerbsverzerrungen abzuwägen.

Die unübersehbaren Vorteile des Systemwettbewerbs erwachsen – wie dargelegt – aus dem eingebauten Mechanismus für eine präferenzkonforme Korrektur von Institutionen. Auch wenn eine marktprozesstheoretische Sichtweise keinen solchen Automatismus behaupten würde, können dem Systemwettbewerb dennoch Selbststeuerungskräfte zugesprochen werden, die den institutionellen Anpassungsprozess auf die wünschenswerte Richtung hin annähern. Hier wiederum überzeugt die gleichgewichstheoretische Kritik am Systemwettbewerb wenig, wenn sie Marktunvollkommenheiten (wie unvollständige Information) diagnostiziert, ihre Persistenz behauptet (d.h. eine mögliche Abbaubarkeit gar nicht untersucht) und dann den idealen Staat als obligaten Korrektor aufruft.[69] Politische Einflussnahme auf Marktprozesse wird hier nicht als Problem thematisiert, sondern als Lösung offeriert.

Abgesehen davon ist empirisch zu konstatieren, dass eine umfassende Harmonisierungslösung auf dem Gebiet der Produktregulierung in der Europäischen Union bereits aufgegeben werden musste – und zwar aus praktischen Gründen, weil sich eine umfassende Harmonisierung als undurchführbar erwies und die Europäische Kommission deshalb ab Mitte der achtziger Jahre ihre Integrationsstrategie korrigieren musste. Erst die Vorbereitungen zum Europäischen Binnenmarkt für das Jahr 1992 ließen die Dimensionen einer regulativen Vereinheitlichung erkennen mit der Folge, dass die an sich „harmonisierungswillige" Europäische Kommission notgedrungen Wettbewerbselemente in die Regulierungspraxis einfließen ließ, wofür der Europäische Gerichtshof schon längst die rechtliche Voraussetzung geschaffen hatte. Andererseits sind die durch den

---

[68] Dies hängt damit zusammen, dass die Regulierungspräferenzen international ebenso differieren wie die Fähigkeiten, Regulierungsstandards zu erfüllen.

[69] Vgl. hier wiederum Sinn (1998, S. 48–49).

Systemwettbewerb etwa von Sinn heraufbeschworenen Gefahren für Leib und Leben der Konsumenten allein schon deshalb schwer nachvollziehbar, weil in solchen Fällen selbst der EG-Vertrag eine einseitige Importbeschränkung erlaubt, also mit den Regeln eines gemeinsamen Marktes für vereinbar erklärt.[70] Kein Befürworter des Systemwettbewerbs hat für eine Abschaffung dieser Schutzklausel plädiert, sondern lediglich für eine volle Ausschöpfung der durch das Cassis-de-Dijon-Urteil eröffneten Handlungsspielräume. Auch eine zentralstaatliche Lösung könnte in dem Sinne minimalstaatlich verfahren, dass lediglich Sicherheitsrisiken für die Konsumenten (und für die Umwelt) auf zentralstaatlicher Ebene geprüft werden, ansonsten aber eine Regulierungsvielfalt eingeräumt wird, welche auf die Präferenzenvielfalt zu respondieren vermag. Die gegenwärtige Regulierungspraxis geht über dieses Minimum jedoch deutlich hinaus.[71]

Was die Globalisierungsdiskussion betrifft, ist eine Harmonisierungslösung aus praktischen Gründen wohl auf absehbare Zeit undenkbar. Die avisierte Ordnungsalternative, auf die hier spekuliert wird, ist de facto gar nicht verfügbar. Qualitätsverbesserungen des Wettbewerbs auf Gütermärkten dürften deshalb wohl nur innerhalb der unvollkommenen Metaordnung des Systemwettbewerbs realisierbar sein. Die wirtschaftspolitisch relevantere Frage dürfte daher eher lauten: unter welchen Bedingungen können unterschiedliche private Regulierungspräferenzen und die Vielfalt eines Regulierungsangebotes besser zu einem Koordinationsgleichgewicht finden? Dies lenkt u. a. den Blick darauf, wie der Informationsgehalt von nationalen Regulierungen erhöht und der Nachfrageseite vermittelt werden kann. Als Folge wäre auch die Sichtweise des Europäischen Gerichtshofes kritisch zu beurteilen, wonach Ursprungslandbezeichnungen von Produkten (Made in Luxemburg etc.) für rationale Kaufentscheidungen irrelevant seien und der Informationseffekt von Regulierungen für einen funktionsfähigen Regulierungswettbewerb nicht hinreichend gewürdigt wurde, stattdessen unversehens eine kulturelle Marktzutrittsschranke vermutet worden ist.[72]

Nach den hier dargelegten Überlegungen können die Selbststeuerungskräfte grundsätzlich bei solchen Regulierungen aktiviert werden, die einen individuell internalisierbaren Regulierungsnutzen erzeugen. Außerhalb eines Kernbereiches von Produktregulierungen erscheint dies aber

---

[70] Vgl. Art. 30 EGV, wobei dieser Artikel restriktiv anzuwenden ist.

[71] Vgl. etwa Majone (1994) und Pelkman/Sun (1994) für eine entsprechende Darstellung.

[72] Der EuGH verbot deshalb die verpflichtende Kennzeichnung solcher „Made in"-Siegel; vgl. Haucap/Wey/Barmbold (1997, S. 525).

auch für Regulierungen erprobenswert, in denen Präferenzen zum Ausdruck kommen, die gemeinhin politisch artikuliert werden, etwa zum Schutze der Umwelt. Das Kollektivgutargument sollte hier nicht vorschnell in Stellung gebracht werden, ohne die Lösungskompetenz von Märkten zu testen.[73] Eine wirtschaftspolitische Nutzbarmachung individueller Präferenzen könnte auch in diesem Falle darauf hinauslaufen, dass Anbieter ihre nationale Regulierungsregime verpflichtend auszeichnen. Dies würde eine noch weitergehende Regel für den Systemwettbewerb darstellen, die hier nicht gesondert diskutiert wurde und die der Europäische Gerichtshof auch bereits verworfen hat. Länder mit niedrigeren Umweltstandards hätten auf diese Weise keinen zwingenden Wettbewerbsvorteil, wenn in dem Bestimmungsland ausgeprägte Umweltpräferenzen vorliegen. Kollektivgutprobleme könnten damit möglicherweise nicht vollständig gelöst, jedoch auf ein akzeptiertes Maß zurückgedrängt werden. Unter diesen Voraussetzungen wäre näher zu prüfen, wie die kaufrelevanten Informationen geeignet verdichtet werden können, um tatsächlich zum Gegenstand einer Kaufentscheidung werden zu können.[74]

Ob auch darüberhinaus gehende Regeln einem Systemwettbewerb sinnvoll überantwortet werden können, bleibt zur Zeit noch offen. Zwar hat die Monopolkommission bereits die Möglichkeit eines „Wettbewerbs der Kartellrechtsordnungen" in Erwägung gezogen; jedoch erscheinen die diesbezüglichen Überlegungen noch zu vage, um einen gangbaren ordnungspolitischen Weg zu weisen.[75] Allein aus den jüngst offenkundig gewordenen Schwierigkeiten, ein internationales Kartellrecht zu konzipieren, dürfte der Versuch immerhin lohnenswert sein, die Folgen einer

---

[73] Vgl. nochmals Frey/Oberholzer-Gee (1997), deren Untersuchungen eine Förderung und wirtschaftspolitische Nutzbarmachung von Kollektivgutproblemen nahe legen, für deren Lösung starke Präferenzen vorliegen (etwa im Bereich der Umwelt).

[74] Für erste Versuche in diese Richtung vgl. etwa Adams, R./Carruthers, J./Fisher, C., (1991) und das dort propagierte „Shopping for a better world".

[75] Monopolkommission (1998, S. 14); so bleibt m.E. offen, ob ein „hartes" Kartellrecht Unternehmen auf Drittmärkten benachteiligt, wenn sie dort mit Unternehmen konkurrieren, die in ihrem Ursprungsland ein „laxes" Kartellrecht genießen. In diesem Fall wären durchaus inakzeptable Wettbewerbsverzerrungen denkbar, etwa dann, wenn nur gewissen Unternehmen der Aufbau einer Nachfragemacht auf Beschaffungsmärkten erlaubt wird. Die Selektionsqualität des institutionellen Wettbewerbs steht dann in Zweifel. Interessante neuere Überlegungen zu einer internationalen Kartellrechtsordnung finden sich im Übrigen bei Kerber (1999a).

Konkurrenz von Wettbewerbsordnungen genauer auszuloten.[76] Indes erscheint die Argumentation der Monopolkommission zu undifferenziert, wonach sich im Wettbewerb von Kartellrechtsordnungen diejenigen Regeln durchsetzen werden, die den Güterwettbewerb am intensivsten fördern, wohingegen nur eine unnötig restriktive Kartellgesetzgebung unter Anpassungsdruck geraten würde – ein Resultat, das man sich wünschen würde (Monopolkommission, 1998, S. 14).

Es bleibt jedoch unklar, worin der Anreiz für Unternehmen bestehen sollte, ein restriktiveres und zugleich wettbewerbsförderndes Kartellrecht freiwillig zu wählen. Dementsprechend ist zu bezweifeln, dass Wettbewerbspolitik zu einem Standortfaktor avancieren könnte, ohne ein Kollektivgutproblem herauf zu beschwören. Die Begründung für Wettbewerbspolitik wird allgemein darin gesehen, dass Marktteilnehmer zu wettbewerbsbeschränkenden Praktiken neigen, d. h. wettbewerbskonformes Verhalten nicht selbstdurchsetzend ist. Ein Nebeneinander zweier Kartellrechtsordnungen erscheint deshalb schon aus grundsätzlichen ordnungspolitischen Erwägungen heraus unmöglich. Hinzu kommt das Problem, dass insbesondere kleinere Volkswirtschaften mit hoher Integration in die internationale Arbeitsteilung eine Option eröffnet bekommen, mit „weichen" Wettbewerbsregeln Unternehmen aus dem Ausland anzulocken und die Folgen einer solchen Politik zum Schaden der internationalen Wirtschaftsordnung zu externalisieren. Die Selektionsqualität eines solchen Systemwettbewerbs wäre mithin zu bezweifeln.

In den anderen Fällen, die sich durch eine positive Selektionsqualität des institutionellen Wettbewerbs auszeichenen, sollte aber im Weiteren geprüft werden, wie die Anpassungsgeschwindigkeit von nationalen Institutionen erhöht werden kann, damit das Ausmaß der oben beschriebenen Wettbewerbsverzerrung möglichst eingegrenzt werden kann. Ein Schritt in diese Richtung wäre die Überprüfung öffentlich rechtlicher Regulierungen im Hinblick auf einen Ersatz durch privatrechtliche Regulierungen. Empirische Untersuchungen legen zumindest eine Teilprivatisierung von Regulierungsaktivitäten durchaus nahe und indizieren keinesfalls

---

[76] Das Hauptproblem eines internationalen Kartellrechts dürfte darin bestehen, dass viele mögliche Wettbewerbsbeschränkungen unter Ökonomen kontrovers beurteilt worden sind; lediglich Preisabsprachen haben die hartnäckigen wettbewerbspolitischen Hinterfragungen vor allem seitens der Chicago-School of Anti-Trust einigermaßen unbeschadet überstanden. Angesichts dessen dürfte man mit einiger Spannung der Frage entgegen sehen, wie wohl das OPEC-Kartell von einem internationalen Kartellrecht beurteilt werden würde und wer daraus die Konsequenzen zu ziehen wagte.

einen Trend zur Deregulierung für private Regulierungsbehörden. Stattdessen scheinen sie eher Regulierungen präferenzkonform fortzuschreiben, was auch auf eine Höherregulierung hinauslaufen kann. Andererseits findet sich in der regulierungstheoretischen Literatur die „Overregulation causes underregulation" These. Hierunter ist zu verstehen, dass staatliche Regulierungsinstanzen in den USA sich auf ein relativ begrenztes Set von Regulierungsaktivitäten beschränken und dabei die Erfassung neuer regulierungsbedürftiger Aktivitäten versäumt haben, wie sie etwa durch die Vermarktung neuer chemischer Stoffe erforderlich geworden ist. Majone (1994) vergleicht dieses offenkundige Versäumnis mit dem Regulierungsverhalten einer privaten Regulierungsinstanz, die im Falle von toxischen Industriestoffen zwar zum Teil Deregulierungen vorgenommen hat, jedoch in einem wesentlich größeren Umfang neue Stoffe einer Regulierung unterworfen hat, so dass die private Regulierungsinstanz vergleichsweise stärker intervenierte als die amerikanische Bundesbehörde.[77]

Solche Hinweise wecken Zweifel an der regulativen Lenkungskompetenz von Nationalstaaten und noch mehr an der von suprastaatlichen Gebilden. Falls sich die Nationalstaaten konsequent für die ordnungspolitische Variante des Systemwettbewerbs entscheiden, könnte die Konsequenz durchaus lauten, private Regulierungsinstanzen verstärkt einzusetzen, um die Anpassungsgeschwindigkeit des institutionellen Wandels zu erhöhen.[78] Dies wäre die weitergehende Perspektive für den Systemwettbewerb, der als unvollkommener (nichtfunktionsfähiger) beginnt und bei dem sich der Staat als Regulator von Marktprozessen zunehmend zurückzieht, eventuell nur noch absolute Schutzinteressen der Individuen wahrnimmt. Der institutionelle Wandel würde dann mehr und mehr von den inneren Institutionen getragen werden, welche als Kooperationsleistungen aus dem Marktgeschehen hervorgehen. Dies kann man als „Ablösung des Staates durch den Markt" auffassen, man könnte jedoch auch von einer „Einwanderung der Politik in den Markt" sprechen. An die Stelle von hoheitlicher Fremdregulierung tritt die freiwillig vereinbarte Selbstregulierung, während wettbewerbliche Kontrolle politische Aufsicht ersetzt. Als nichtintendierte Folge eines solchen Prozesses wandelt sich die Wirtschaftsverfassung und nähert sich – schrittweise und unspektakulär – den Präferenzen der Marktteilnehmer an, mit entsprechend günstigen Wohlfahrtsaussichten für die betroffenen Volkswirtschaften.

---

[77] Vgl. Majone (1994, S. 166).

[78] Kerber (1999b) sieht in der Auflösung der staatlichen Regulierungstätigkeit die logische Konsequenz des Ursprungslandprinzips.

Literatur

Adams, R./Carruthers J./Fisher, C., 1991
Shopping for a Better World, Kogan Page, London.

Akerlof, G. A. (1970)
„The Markets for Lemons: Quality Uncertainty and the Market Mechanism"; in: Quarterly Journal of Economics (Vol. 84), S. 488–500.

Alchian, A. A. (1950)
„Uncertainty, Evolution, and Economic Theory"; in: Journal of Political Economy (Vol. 58), S. 211–221.

Bratton, W. et. al. (Hrsg., 1997)
Regulatory Competition and Coordination: Strategies and Debates of Economic Regulation in Europe and the USA, Oxford (University Press).

Brennan, G./Buchanan, J. M. (1985)
The Reason of Rules. Constitutional Political Economy, Cambridge et. al.

Breton, A. (1996)
Competitive Governments: An Economic Theory of Politics and Public Finance, Cambridge (University Press).

Brüggelambert, G. (1999)
Institutionen als Informationsträger. Eine Untersuchung experimenteller Wahlbörsen, Marburg.

Eggertson, T. (1998)
Limits to Institutional Reforms, Diskussionsbeitrag 08-98 des Max-Planck-Instituts zur Erforschung von Wirtschaftssystemen, Jena.

Frey, B. S. (1992)
„Tertium Datur: Pricing, Regulating and Intrinsic Motivation"; in: Kyklos (Vol. 45), S. 161–184.

Frey, B. S./Oberholzer-Gee (1997)
„The Cost of Price Incentives: An Empirical Analysis of Motivation Crowding-Out"; in: American Economic Review (Vol. 87), S. 746–755.

Galli, G./Pelkmans, J. (Hrsg., 2000)
Regulatory Reform and Competitiveness in Europe (2 Bd.), Cheltenham (Elgar).

Genschel, P./Plümper (1999)
Regulativer Wettbewerb und internationale Kooperation; in: Busch, A./Plümper, T. (Hrsg.), Globalisierung: Empirische Beiträge zu einem populären Konzept, Nomos, Baden-Baden, S. 251–275.

Gerken, L. (Hrsg., 1995)
Europa zwischen Ordnungswettbewerb und Harmonisierung, Berlin.

Gerken, L. (1995)
„Vertikale Kompetenzverteilung in Wirtschaftsgemeinschaften – Bestimmungsgründe und Probleme"; in: Gerken, L. (Hrsg., 1995), S. 3–33.

Haucap, J./Wey, C./Barmbold, J. (1997)
„Location Choice as a Signal for Product Quality: The Economics of Made in Germany"; in: Journal of Institutional and Theoretical Economics (Vol. 153), S. 510–531.

Hayek, F. A. v. (1969)
Freiburger Studien. Gesammelte Aufsätze von F. A. v. Hayek, Tübingen.

Hayek, F. A. v. (1945)
„The Use of Knowledge in Society"; in: American Economic Review (Vol. 35), S. 519–530.

Hoppmann, E. (1975)
„Wettbewerb als Norm der Wettbewerbspolitik"; in: Herdzina, K. (1975, Hrsg.), Wettbewerbstheorie, Köln, S. 230–243.

Jacobs, S. H. (1994)
„Regulatory cooperation for an interdependent world: issues for government"; in: OECD (Hrsg.), S. 15–42.

Kerber, W. (1998)
„Zum Problem einer Wettbewerbsordnung für den Systemwettbewerb"; in: Jahrbuch für Neue Politische Ökonomie (Vol. 17), S. 199–230.

Kiwit, D./Voigt, S. (1995)
„Überlegungen zum institutionellen Wandel unter Berücksichtigung des Verhältnisses interner und externer Institutionen"; in: ORDO (Vol. 46), S. 117–148.

Klein, N. (2003)
Über Zäune und Mauern – Berichte von der Globalisierungsfront, Frankfurt (Campus).

Klodt, H. (1995)
„Internationale Regeln für den Wettbewerb"; in: Wirtschaftsdienst (1995/X), S. 556–561.

Knieps, G. (1994)
„Standards und Grenzen der unsichtbaren Hand"; in: ORDO (Vol. 45), S. 51–62.

Lohmann, H. (1992)
Verbraucherschutz und Marktprozesse. Versuch einer institutionentheoretisch fundierten Erklärung von Marktregulierungen, Freiburg.

Majone, G. (1994)
„Comparing strategies of regulatory reprochement"; in: OECD (Hrsg.), S. 155–177.

Martin, H.-P./Schumann, H. (1998)
Die Globalisierungsfalle – Der Angriff auf Demokratie und Wohlstand, Hamburg (Rowohlt).

Monopolkommission (1998)
Systemwettbewerb. Sondergutachten der Monopolkommission gemäß § 24b Abs. 5 Satz 4 GWB, Köln.

Ngo Van Long/Siebert, H. (1991)
„Institutional Competition Versus exante-Hamonization: The Case of Environmental Policy"; in: Journal of Institutional and Theoretical Economics (Vol. 147), S. 296–311.

North, D. C. (1990),
Institutions, Institutional Change and Economic Performance, Cambridge.

OECD (Hrsg., 1994)
Regulatory Cooperation for an Interdependend World, Paris.

Olson, M. (1985)
Die Logik kollektiven Handelns. Kollektivgüter und die Theorie der Gruppen, Tübingen.

Pelikan, P. (2003)
„Why economic policies need comprehensive evolutionary analysis"; in: Pelikan, P./ Wegner, G. (Hrsg), The Evolutionary Analysis of Economic Policy, Cheltenham (Elgar), S. 15–45.

Pelkmans, J./Sun, J.-M. (1994)
„Towards a European Community regulatory strategy: lessons from ‚learning-by-doing'"; in: OECD (Hrsg.), S. 179–199.

Penz, R. (1999)
Legitimität und Viabilität. Zur Theorie der institutionellen Steuerung der Wirtschaft, Marburg.

Peter, F. (2003)
Choice, Consent, and the Legitimacy of Market Transactions, Diskussionspapier der Universität Basel.

Petersmann, E.-U. (1994)
„Proposals For Negotiating International Competition Rules In The GATT-WTO World Trade And Legal System"; in: Aussenwirtschaft (Vol. 49), S. 231–277.

Röpke, J. (1987)
„Möglichkeiten und Grenzen der Steuerung komplexer Systeme"; in: Borchert, M./Fehl, U./Oberender, P. (Hrsg., 1987), Markt und Wettbewerb. Festschrift für E. Heuß zum 65. Geburtstag, Bern, Stuttgart, S. 227–243.

Scharpf, F. W. (1998)
„Globalisierung als Beschränkung der Handlungsmöglichkeiten nationalstaatlicher Politik"; in: Jahrbuch für Neue Politische Ökonomie (Vol. 17), S. 41–66.

Siebert, H./Koop, M. (1990)
„Institutional Competition. A Concept for Europe?"; in: Aussenwirtschaft (Vol. 45), S. 439–462.

Sinn, H.-W. (2003)
The New Systems Competition, Oxford (Blackwell).

Sinn, H.-W. (1997)
„Das Selektionsprinzip und der Systemwettbewerb"; in: Oberhauser, A. (Hrsg.), Fiskalföderalismus in Europa, Berlin, S. 9–60.

Sinn, H.-W. (1995)
„Implikationen der vier Grundfreiheiten für eine nationale Fiskalpolitik"; in: Wirtschaftsdienst 1995/V, S. 240–249.

Sinn, S. (1992)
„The Taming of Leviathan – Competition Among Governments"; in: Constitutional Political Economy, (Vol. 3), S. 172–194.

Stigler, G. J. (1971)
„The theory of economic regulation"; in: Bell Journal of Economics and Management Science (Vol. 2), S. 3–21.

Streit, M. E. (1996)
„Systemwettbewerb im Europäischen Integrationsprozeß"; in: Immenga, U./ Möschel, W./Reuter, D. (Hrsg.), Festschrift für Ernst-Joachim Mestmäcker zum siebzigsten Geburtstag, Baden-Baden, S. 521–535.

Streit, M. E. (1995)
Dimensionen des Wettbewerbs – Systemwandel aus ordnungsökonomischer Sicht. Max-Planck-Institut zur Erforschung von Wirtschaftssystemen Jena, Diskussionsbeitrag 1/95.

Streit, M. E. (1994)
„Westeuropas Wirtschaftsverfassungen unter dem Druck des Systemwettbewerbs"; in: List-Forum (Vol. 2), S. 11–20.

Streit, M. E. (1993/1996)
„Dreizehn Thesen zu einer marktprozeßorientierten Wettbewerbspolitik"; in: Streit, M. E. (Hrsg.) Freiburger Beiträge zur Ordnungsökonomik, Tübingen, S. 218–224.

Streit, M. E. (1987)
„Economic Order and Public Policy – Market, Constitution and the Welfare State"; in: Pethig, R./Schlieper, U. (Hrsg.), Efficiency, Institutions, and Economic Policy, Berlin, Heidelberg: Springer-Verlag, S. 1–21.

Streit, M. E. (1983)
„Reassessing Consumer Safety Regulation"; in: Giersch, H. (Hrsg.), New Opportunities for Entrepreneurship, Kiel, S. 190–215.

Streit, M. E./Mussler, W. (1996)
„Integrationspolitische Strategien in der EU"; in: Ohr, R. (Hrsg.), Europäische Integration, Stuttgart, S. 265–291.

Streit, M. E./Wegner, G. (1989)
„Wissensmangel, Wissenserwerb und Wettbewerb. Transaktionskosten aus evolutorischer Sicht"; in: ORDO (Vol. 40), S. 183–200.

Tiebout, C. M. (1956)
A Pure Theory of Local Expenditures, in: Journal of Political Economy (Vol. 64), S. 416–424.

Tjiong, H. (2002)
„Breaking the Spell of Regulatory Competition: Reframing the Problem of Regulatory Exit"; in RabelsZ (Vol. 66), S. 66–96.

Vihanto, M. (1992)
„Competition Between Local Governments as a Discovery Procedure"; in: Journal of Institutional and Theoretical Economics (Vol. 148), S. 411–436.

Vanberg, V. (2000), „Globalization, Democracy, and Citizens' Sovereingty: Can Competition Among Government Enhance Democracy?"; in: Constitutional Political Economy, 11, 87–112.

Vanberg, V. (1997)
„Systemtransformation, Ordnungsevolution und Protektion: Zum Problem der Anpassung von Wirtschaftssystemen an ihre Umwelt"; in: Cassel, D. (Hrsg.), Institutionelle Probleme der Systemtransformation, Berlin, S. 11–41

Vanberg, V./Kerber, W. (1995)
„Competition among Institutions: Evolution within Constraints"; in: Gerken, L. (Hrsg.), Competition among Institutions, Houndsmill, Basingstoke, S. 35–64.

Vanberg, V./Buchanan, J. M. (1989)
„Interests and Theories in Constitutional Choice"; in: Journal of Theoretical Politics (Vol. 1), S. 49–62.

Wegner (2003a)
„Evolutionary markets and the design of institutional policy"; in: Pelikan, P./Wegner, G. (Hrsg), The Evolutionary Analysis of Economic Policy, Cheltenham (Elgar), S. 46–66.

Wegner (2003b)
„Legitimationsfragen der Globalisierung – eine vertragstheoretische Sicht"; in: Analyse und Kritik (im Erscheinen).

Wegner, G. (1998)
„Systemwettbewerb als politisches Kommunikations- und Wahlhandlungsproblem"; in: Jahrbuch für Neue Politische Ökonomie (Vol. 17), S. 281–308.

Wegner, G. (1996)
Wirtschaftspolitik zwischen Selbst- und Fremdsteuerung – Ein neuer Ansatz, Baden-Baden.

Wegner, G. (1991)
Wohlfahrtsaspekte evolutorischen Marktgeschehens. Neoklassisches Fortschrittsverständnis und Innovationspolitik aus ordnungstheoretischer Sicht, Tübingen.

Weiß, J. (2000)
Umweltpolitik als Akteurshandeln. Eine Theorie der kooperativen Bearbeitung von Informations- und Verteilungsproblemen in der umweltpolitischen Steuerung. Marburg.

Winkler, T. (1999)
„Die gegenseitige Anerkennung – Achillesferse des Regulierungswettbewerbs"; in: Streit, M. E./Wohlgemuth, M. (Hrsg.), Systemwettbewerb als Herausforderung an Politik und Theorie, Baden-Baden, S. 103–121.

Wohlgemuth, M. (1999)
„Systemwettbewerb als Entdeckungsverfahren"; in: Streit, M. E./Wohlgemuth, M. (Hrsg.), Systemwettbewerb als Herausforderung an Politik und Theorie, Baden-Baden, S. 49–70.

Wohlgemuth, M. (1995)
„Institutional Competition – Notes on an Unfinished Agenda, Max-Planck-Institut zur Erforschung von Wirtschaftssystemen"; in: Journal des Economistes et des Etudes Jumaines (Vol. 6), S. 277–299.

Zintl, R. (1983)
Individualistische Theorien und die Ordnung der Gesellschaft. Untersuchungen zur politischen Theorie von J. M. Buchanan und F. A. v. Hayek, Berlin.

FSC
www.fsc.org
MIX
Papier | Fördert
gute Waldnutzung
FSC® C083411

Kolibri 360 GmbH
Ferdinand-Jühlke-Straße 7
99095 Erfurt, Deutschland
produktsicherheit@kolibri360.de